지은이

연경흠

서울대학교 사범대학 부설고등학교, 경기대학교 건축공학과를 졸업한 뒤 건축사로 활동하면서 경기대학교 건축공학과 외래교수로 출강하기도 했습니다. 건축 작품으로는 국립 문화재연구소 청사, 성산동 메조트론 II, 동숭동 YO복합문화시설 등이 있습니다. 서울특별시 표창(2000년), 제26회 서울특별시 건축상 주거부분 본상(2008년)을 수상했으며, 서울특별시 건축안전자문단 위원으로 활동하기도 했습니다.

지은 책으로는 『댕글댕글~ 세계의 수도를 읽다』가 있습니다.

댕글댕글~ 마천루 올림픽

초판 1쇄 발행일 2022년 2월 4일

지은이 연경흠
펴낸이 이원중

펴낸곳 지성사 **출판등록일** 1993년 12월 9일 **등록번호** 제10-916호
주소 (03458) 서울시 은평구 진흥로 68, 2층
전화 (02) 335-5494 **팩스** (02) 335-5496
홈페이지 www.jisungsa.co.kr **이메일** jisungsa@hanmail.net

ⓒ 연경흠, 2022

ISBN 978-89-7889-487-6 (73540)

잘못된 책은 바꾸어드립니다. 책값은 뒤표지에 있습니다.

⚠ 주의 사항: 책장에 손을 베이지 않게, 책 모서리에 다치지 않게 주의하세요.

세계 각 나라를 대표하는 고층 건물

댕글댕글~
마천루 올림픽

연경흠 지음

지성사

들어가는 글

세계 각 나라를 대표하는 고층 건물들을 만나다!

하늘에 닿을 듯 아주 높은 건물, 마천루(닿을 '마摩', 하늘 '천天', 층집 '루樓')는 시기와 장소에 따라 다릅니다. 예를 들어 1968년에 짓기 시작하여 1970년에 완공된 우리나라 종로구에 자리 잡은 삼일(31)빌딩은 그 시기에 우리나라에서 가장 높은 건물이었습니다. 대한민국의 마천루는 당연히 삼일빌딩이었지요. 하지만 1985년 육삼(63)빌딩이 완공된 뒤에는 그 지위를 내주었습니다. 세월이 흘러 육삼빌딩도 2003년에 그 지위를 내주고 물러났습니다.

오세아니아에 있는 나우루(Nauru) 공화국에는 2층 구조의 국회의사당이 최고로 높은 건물이고, 또 어떤 나라는 101층이 최고로 높은 건물이기도 합니다. 이처럼 우리가 생각하는 것 이상으로 세계 각 나라의 마천루는 무척 다양합니다.

문득 그 마천루들이 어떤 모습으로, 얼마나 높이 하늘에 닿아 있는지 그리고 주변 건물이나 자연과 얼마나 잘 어울리는지 궁금해졌습니다. 이참에 세계 각 나라에서 대표하는 마천루들을 한자리에 불러 모으는 것도 괜찮겠다 싶어 '마천루 올림픽'을 마련했습니다.

이 책에서 다루는 건물은 사람이 살고 있거나 업무를 보는 생활 공간이어야 하며, 사람들이 만든 구조물(인공 구조물)로 통신 시설인 송신탑이나 전망대(예를 들면 에펠탑, 남산타워) 따위는 포함되지 않습니다. 역사적으로 세계 최초의 가장 높은 인공 구조물은 이집트의 기자 대피라미드로, 1311년 영국의 링컨 대성당이 건설되기 전까지 3,800년 넘게 그 자리를 지켰습니다.

잠시 여러분이 궁금해하는 인공 구조물을 살펴보기로 할까요?

1) 이집트의 기자 대피라미드: 이집트의 쿠푸 왕의 피라미드이다. 처음에는 높이가 146.5미터였지만, 오랜 세월이 흐른 지금의 높이는 138.5미터이다.

◀ 기자 대피라미드

2) 프랑스 파리의 에펠탑(Eiffel Tower): 탑의 이름은 설계와 건설을 진행한 기술자의 이름(귀스타브 에펠Gustave Eiffel)에서 따왔다. 프랑스에서 '철의 여인'이라고도 불리는 이 구조물은 1889년에 완공되었다. 높이는 324미터로 81층 건물과 거의 같은 높이로 프랑스에서 가장 높은 구조물이다.

에펠탑 ▶

3) 영국의 링컨 대성당(Lincoln Cathedral): 1311년 160미터 높이의 중앙 첨탑이 완공되면서 이집트의 대피라미드 이후 세계에서 제일 높은 건물이 되었다. 1548년 폭풍으로 나무로 만든 중앙 첨탑이 무너지기 전까지 238년 동안 이 지위를 지켰으며, 이 첨탑은 다시 세워지지 않았다.

▲ 링컨 대성당

4) 대한민국 경주의 황룡사 9층탑: 경주에 있는 신라 시대의 황룡사의 9층탑은 7세기에 완성되었다. 쇠못을 전혀 쓰지 않고 맞물린 형태로 전체를 나무로 지은 탑이다. 전체 높이가 68~80미터로 건설 당시 동아시아에서 가장 높은 구조물이었다. 하지만 고려 시대 몽골군의 침입으로 불에 타 사라졌고, 현재는 황룡사의 절터(황룡사지皇龍寺址)를 보여 주는 거대한 주춧돌만 남아 있다.

▲ 황룡사지

세계 최초의 고층 건물은 1885년 미국 시카고에 세워진 주택보험건물(Home Insurance Building)입니다. 미국은 말레이시아의 페트로나스 타워(Petronas Towers)가 완공된 1998년까지 20세기 내내 세계에서 가장 높은 건물이 있는 나라였습니다.

이후 2004년 대만의 타이베이 101(Taipei 101)과 2010년 아랍에미리트의 부르즈 할리파(Burj Khalifa)라는 두 건물이 '가장 높은' 수식어를 차지하게 되었지요. 2000년 초부터 우리나라를 비롯해 중동, 중국, 동남아시아는 초고층 건물을 활발하게 짓기 시작했습니다.

'초고층 빌딩 시대'가 시작되는 1930년부터 2000년까지 고층 건물은 주로 사무실 공간으로 사용되었습니다. 하지만 2010년 세계의 고층 건물 100곳 중 절반에 못 미치는 건물이 사무용 공간으로 사용되었고, 대부분은 주상복합건물(사무실과 주거 그리고 상가 등 기능이 다양한 건물)로 사용되고 있습니다. 다시 말해 세계에서 손꼽히는 고층 건물 열 곳 중 네 곳이 사무실로 사용되고 있는 셈입니다.

'마천루 올림픽'에 참가한 건물은 보는 이에 따라 흉물스럽게 보일 수도, 반대로 현대 기술의 집합체이자 그 나라를 대표하는 상징물(랜드마크landmark)로 보일 수도 있습니다. 이 책에 실린 마천루

주택보험건물은 원래 높이 42.1미터, 10층으로 1884년 설계하여 이듬해 완공되었다. 1891년에 두 층을 덧붙여 54.9미터가 되었다. 세계 최초의 마천루다.

들 가운데 어느 마천루가 세계 최고인지 정답은 없습니다. 다만, 마천루 올림픽의 참가 자격은 사람들이 그곳에 머물며 살고 있든, 일하는 공간이든, '늘 사람들이 관계를 이어가며 생활하는 건물'이어야 한다는 점입니다.

마천루 올림픽의 참가 자격에서 현재 짓고 있는 건물들은 제외했습니다. 따라서 이 책에 실린 마천루는 각 나라를 대표하지만 책을 펴낸 뒤에 더 높은 마천루가 등장하여 자격을 잃을 수도 있다는 점을 참고해 주기를 바랍니다. 마천루 올림픽 참가 자격 조건은 2021년 8월 시점에서 다음과 같습니다.

첫째, 각 나라에서 제일 높은 건물이어야 합니다. 이 책에 소개하는 건물들은 모두 각 나라에서 가장 높습니다.

둘째, 우리나라 건축법에서 정한 고층 건축물의 기준을 갖춰야 합니다. 고층 건축물은 "층수가 30층 이상이거나 높이가 120미터 이상"입니다. 따라서 이 기준을 통과하고, 자료가 있는 건물만이 참가 자격이 있습니다. 이 책에서 소개하는 '세계 높이 순위'는 높이가 350미터 이상인 건물이며, 그 가운데 76위까지 선정된 곳들을 추렸습니다. 76위권 밖에 있는 건물은 세계 고층 건물에 순위 없음으로 표기합니다.

그렇다면 마천루 올림픽의 순위는 어떻게 결정할까요? 제일 높은 건물 순서로 하든, 도시의 하늘 윤곽선(스카이라인skyline)이 아름다운 건물을 기준으로 하든, 또한 사람들의 시선을 사로잡는 독창적인 건물을 기준으로 하든 이 모든 것은 독자들의 몫이며 결정입니다.

이 책에 각 나라의 마천루가 상징하는 의미와 가치를 완벽하게 담아낼 수 없습니다. 만약 해외여행을 떠날 기회가 있다면 그 나라의 건물들을 두루 탐방하면서 그곳 국민들에게 어떤 의미와 가치가 있는지 살펴보기를 바랍니다.

이 책을 읽는 어린 독자들이 우리의 일상생활이 이루어지는 건축물과, 좁게는 내가 살아갈 집이 어떤 모습이었으면 좋을지, 상상의 날개를 펴고 마음껏 그려 보는 기회가 되었으면 참 좋겠습니다.

낱말 풀이

관저: 정부에서 장관급 이상의 고위 공무원들이 살도록 마련한 집.

국내 총생산(GDP) 지수: 일정 기간에 한 나라 안에서 새롭게 생산된 최종 생산물의 가치를 시장 가격으로 바꾸어 모두 합한 것으로, 한 나라의 전체 생산 규모와 소득 수준을 파악할 수 있음. 지수란 해마다 변화하는 사항을 알기 쉽게 나타내기 위해 어느 해의 수량을 기준으로 하여 100으로 하고, 그에 대한 다른 해의 수량을 비율로 나타낸 수치.

돔(dome): 둥근 물체를 절반으로 나눈 모양. 반구형.

로비(lobby): 공공건물 현관 입구 안쪽에 있어 사람들을 만나거나 기다릴 수 있는 공간.

리히터 규모(Richter scale): 지진의 크기를 알 수 있는 단위로, 리히터는 미국의 지진학자 이름. 0~1.9: 지진계에서만 탐지, 2~2.9: 대부분의 사람이 느끼며 매달린 물체가 흔들림, 3~3.9: 대형 트럭이 지나갈 때의 진동과 비슷, 4~4.9: 창문이 깨지거나 위치가 불안정한 물체들이 떨어짐, 5~5.9: 서 있기가 힘들어지고 가구들이 움직이며 벽의 석고 내장재 따위가 떨어짐, 6~6.9: 제대로 지은 구조물에도 피해가 발생하며 빈약한 건조물에는 큰 피해, 7~7.9: 건물 기초 파괴, 지표면 균열, 지하 매설관 파괴, 8~8.9: 교량 파괴, 구조물 대부분 파괴, 9 이상: 거의 전면적인 파괴, 땅의 흔들림이 눈으로도 볼 수 있는 정도.

비즈니스호텔: 주로 사업가나 회사원들이 출장과 같은 업무에 이용하는 숙박 시설로, 일인실이 많으며 일반 호텔보다 요금이 쌈.

상수원: 자연 그대로의 물로, 음료수나 여러 생활에 쓰이는 수돗물의 원료가 되는 물.

스카이라인(skyline): 하늘과 맞닿은 것처럼 보이는 산이나 건물 따위의 윤곽. 또는 하늘과 땅의 경계를 뜻하지만, 보통 도시 중심부의 건물들이 어우러져 있는 전체적인 모양을 뜻함.

오성급: 호텔이나 레스토랑 따위에서 별의 개수로 매기는 등급으로, 별 다섯 개인 최고의 등급.

컨테이너(container): 화물 수송에 주로 쓰이는 쇠로 만든 큰 상자. 짐 꾸리기가 편하고 운반이 쉬우며, 안에 들어 있는 화물을 보호할 수 있는 장점이 있음.

크라우드 펀딩(Crowd funding): 자금이 필요한 사람이 웹이나 모바일 등 온라인을 통해 대중에게 자금을 모으는 방식.

일러두기

* 본문의 외래어 표기는 주로 국립국어원 외래어 표기법에 따랐습니다.
* 본문의 건물 방향은 독자가 바라보는 시선을 중심으로 하였습니다.
* 지도의 는 건물이 있는 도시를 가리킵니다.
* 낱말 풀이에 해당하는 글자는 본문에 색깔 글자로 구분하였습니다.

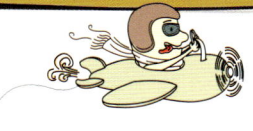

차례

들어가는 글 세계 각 나라를 대표하는 고층 건물들을 만나다! 4

 아프리카 참가국

남아프리카공화국_ 레오나르도 12
이집트_ 외무부 빌딩 16

유럽 참가국

네덜란드_ 마스토런 22
독일_ 코메르츠방크 타워 26
러시아_ 라흐타 센터 30
루마니아_ 플로레아스카 시티 센터 34
리투아니아_ 유로파 타워 38
모나코_ 오데온 타워 42
벨기에_ 투르 두 미디 46
보스니아헤르체고비나_ 아바즈 트위스트 타워 50
스위스_ 로슈 타워 54
스페인_ 토레 데 크리스탈 58
영국_ 샤드 62
오스트리아_ DC 타워 1 66
이탈리아_ 토레 유니크레디트 70
체코_ 아제트 타워 74
폴란드_ 문화 과학 궁전 78
프랑스_ 투르 퍼스트 82

 중동 참가국

바레인_ 포시즌스 호텔 88
사우디아라비아_ 아브라즈 알베이트 92
아랍에미리트_ 부르즈 할리파 96
요르단_ 암만 로타나 호텔 100
이란_ 테헤란 국제 타워 104
이스라엘_ 아즈리엘리 사로나 타워 108
카타르_ 어스파이어 타워 112
쿠웨이트_ 알함라 타워 116
터키_ 스카이랜드 이스탄불 120

 아시아 참가국

대한민국_ **롯데 월드 타워**　126
조선민주주의인민공화국_ **류경 호텔**　130
말레이시아_ **페트로나스 타워**　134
베트남_ **랜드마크 81**　138
스리랑카_ **알테어**　142
싱가포르_ **구코 타워**　146
일본_ **아베노바시 터미널 빌딩**　150
중국_ **상하이 타워**　154
대만(타이완)_ **타이베이 101**　158
캄보디아_ **바타낙 캐피탈 타워**　162
태국(타이)_ **아이콘시암**　166
홍콩_ **국제상업센터**　170

오세아니아 참가국

뉴질랜드_ **커미셜 베이 타워**　176
호주_ **Q1 타워**　180

 북아메리카 참가국

미국_ **세계무역센터**　186
캐나다_ **퍼스트 캐나디안 플레이스**　190

남아메리카 참가국

우루과이_ **통신 타워**　196
칠레_ **그란 토레 코스타네라**　200
콜롬비아_ **BD 바카타**　204
쿠바_ **포크사 빌딩**　208
파나마_ **JW 메리어트 파나마**　212

부록 세계의 높은 빌딩 50위　216
찾아보기　222

아프리카 참가국

남아프리카공화국_ **레오나르도**
이집트_ **외무부 빌딩**

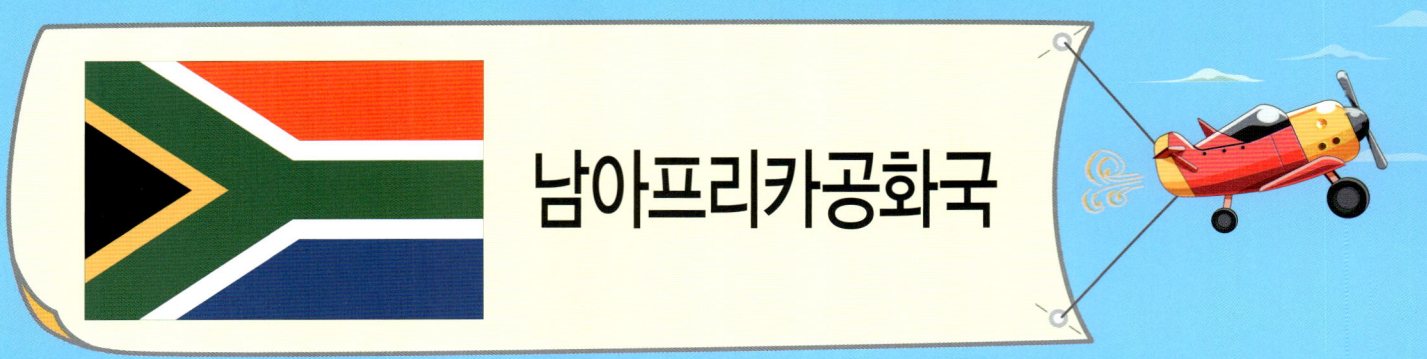

레오나르도
The Leonardo

레오나르도

있는 곳 : 샌튼(Sandton)
자격 조건 : 234m / 55층
세계 높이 순위 : 없음
건물 쓰임새 : 복합건물
완공(사용일) : 2019년

수도 요하네스버그에 자리 잡은 고층 건물 레오나르도를 둘러싼 풍경이에요.

샌튼(Sandton)은 남아프리카공화국에서 가장 부유한 하우텡(Gauteng) 지방의 중심 도시인 요하네스버그(Johannesburg) 북쪽에 자리 잡고 있습니다. 요하네스버그는 남아프리카에서 가장 큰 도시이며, 세계 100대 도시에 속합니다. 이곳에는 최고 법원인 헌법재판소, 주요 기업과 은행 대부분의 본사가 있습니다. 또한 어마어마한 금과 다이아몬드 무역의 중심지이며, 2010년 남아프리카공화국에서 열린 FIFA(국제축구연맹) 월드컵 경기의 결승전이 열리기도 했습니다.

샌튼은 샌다운(Sandown)과 브라이언스턴(Bryanston) 두 지역의 이름에서 따왔습니다. 샌튼에 자리 잡은 레오나르도 빌딩에는 상점과 수영장, 식당과 호텔, 아파트 등 여러 시설이 있습니다. 이곳 고급 아파트는 남아프리카공화국에서 가장 비싸다고 합니다. 2015년에 공사를 시작하여 2019년에 마무리된 이 건물은 아프리카에서 가장 높은 빌딩이지만 2022년 이집트의 아이코닉 타워(Iconic Tower)에 그 자리를 내주게 됩니다.

샌튼시의 밤 풍경: 레오나르도(가운데) 왼쪽으로 지붕이 돔 모양인 건물은 미켈란젤로 타워(Michelangelo Towers)로 남아프리카공화국을 대표하는 호텔이에요. 그 왼쪽으로 기다란 흰색 안테나가 솟아 있는 건물은 샌튼 시티 쇼핑몰(Sandton City Shopping Mall)이지요.

힐브로우 타워(Hillbrow Tower): 요하네스버그 힐브로우 지역에 있으며 1971년에 완공되었어요. 높이 269미터로 50년 동안 아프리카에서 가장 높은 구조물이었지요. 이 탑은 우편과 통신 시설로 출발한 이후, 정부에서 운영하는 통신회사로 바뀌었어요. 이곳에는 회전 식당이 유명한데 안전 문제로 1981년부터 이용할 수 없대요. 이 구조물 뒤로 저 멀리 요하네스버그의 두 번째 상징적인 구조물 센테크 타워(Sentech Tower, 237m)가 보여요. 브릭스턴 지역에 있어 브릭스턴 타워(Brixton Tower)라고도 하며, 텔레비전과 라디오 송신탑이에요.

이집트

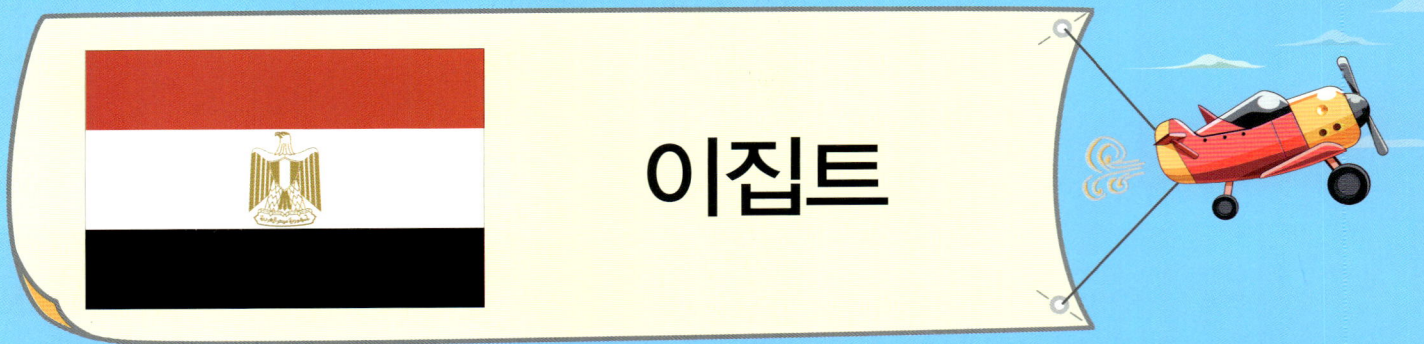

외무부 빌딩
Ministry of Foreign Affairs

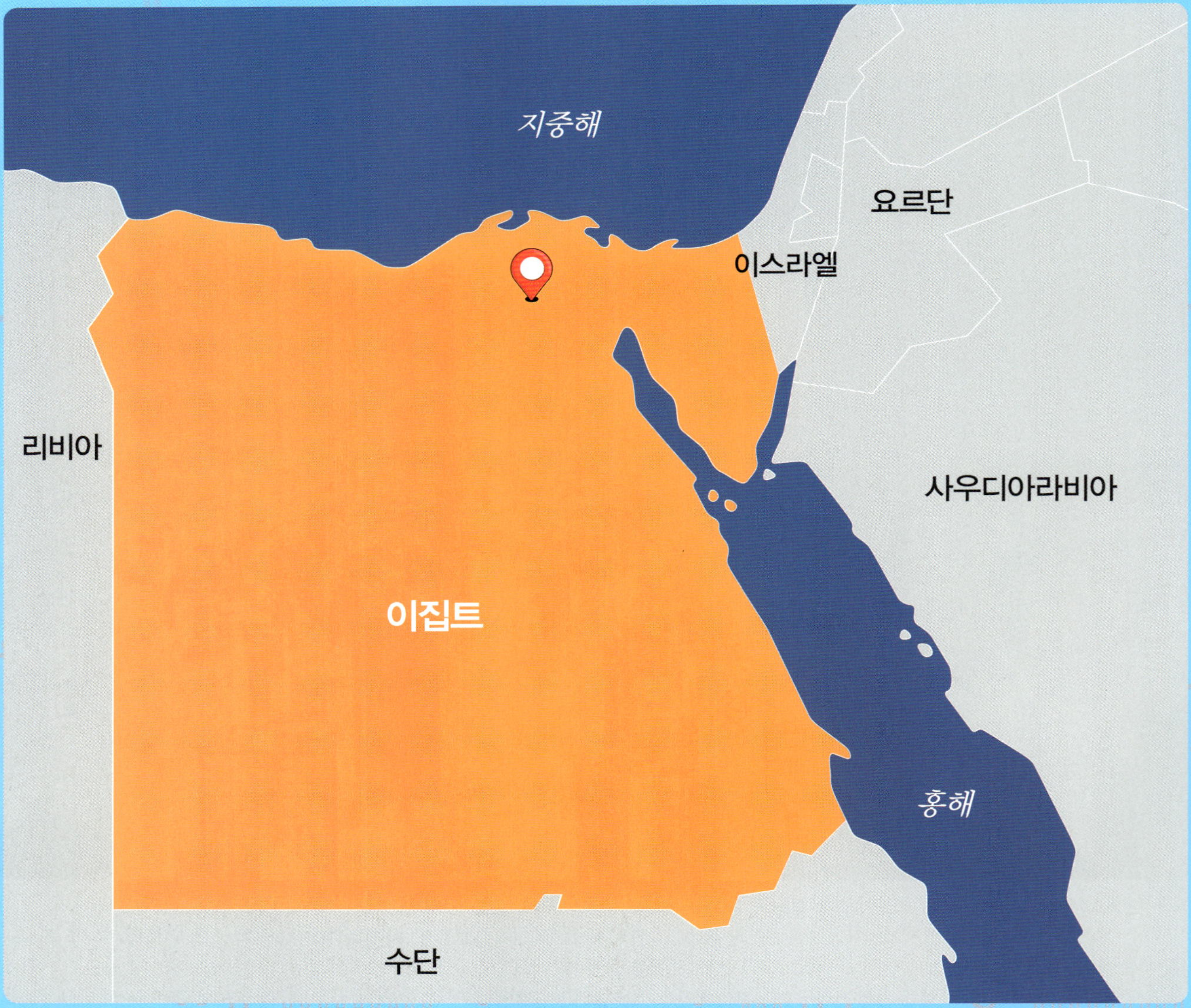

외무부 빌딩

있는 곳 : 카이로(Cairo)
자격 조건 : 143m / 39층
세계 높이 순위 : 없음
건물 쓰임새 : 사무실
완공(사용일) : 1994년

왼쪽은 외무부 건물, 안테나가 솟아 있는 가운데 건물은 이집트의 방송연합(Egyption Radio and Television Union, ERTU), 오른쪽의 높은 건물은 람세스 힐튼(Ramses Hilton) 호텔이에요. 건물들 앞으로는 나일강이 흐르고, 강을 가로지른 '10월 6일 다리(6th October Bridge)'는 도시와 카이로 국제공항을 연결하지요.

이집트아랍공화국 외무부(Ministry of Foreign Affairs of the Arab Republic of Egypt)는 이집트의 외교 정책 따위를 관리하고 감독하는 정부 기관으로 우리나라 외교통상부와 같습니다. 외국인의 투자, 경제 지원, 기술 협력 등 이집트의 경제 개발을 위해 활동하고 있습니다. 아랍 연맹 그리고 아프리카 연합과 같은 지역 조직과 다양한 분야에서 협력하고 전문 지식을 나누면서 관계를 이어가는 데도 힘쓰고 있습니다. 미국, 유럽 국가들과 정치, 경제 따위의 분야에서도 중요한 역할을 합니다.

또한 유엔을 비롯해 유엔에 속한 전문기관 등, 여러 국제기구에서 세계 평화와 안보, 경제 발전을 위해 협력하고, 이집트 문화를 널리 알리기도 합니다. 최고이슬람문제위원회, 교육부와 같은 여러 정부 기관과 협력하여 아프리카와 아시아 학생들에게 장학금을 주고 다양한 기술을 배울 수 있는 기회를 마련해 줍니다.

외무부 건물은 현재(2021년)까지 이집트에서 가장 높지만, 2022년에 높이 385.8미터, 80층의 아이코닉 타워(Iconic Tower, 쓰임새는 사무실)가 완공되면 이집트에서 최고로 높은 건물의 자리를 내주게 됩니다.

카이로 타워(Cairo Tower): 텔레비전 송신탑으로 전망대도 있어요. 187미터로 이집트와 북아프리카에서 가장 높은 구조물이지요. 카이로에서 기자 피라미드 다음으로 이집트에서 두 번째로 유명한 상징물이에요.

카이로의 술탄 하산 사원(Mosque Sultan Hassan)과 그 뒤로 이집트의 상징물인 피라미드가 있어요.

유럽 참가국

네덜란드_ 마스토런
독일_ 코메르츠방크 타워
러시아_ 라흐타 센터
루마니아_ 플로레아스카 시티 센터
리투아니아_ 유로파 타워
모나코_ 오데온 타워
벨기에_ 투르 두 미디
보스니아헤르체고비나_ 아바즈 트위스트 타워
스위스_ 로슈 타워
스페인_ 토레 데 크리스탈
영국_ 샤드
오스트리아_ DC 타워 1
이탈리아_ 토레 유니크레디트
체코_ 아제트 타워
폴란드_ 문화 과학 궁전
프랑스_ 투르 퍼스트

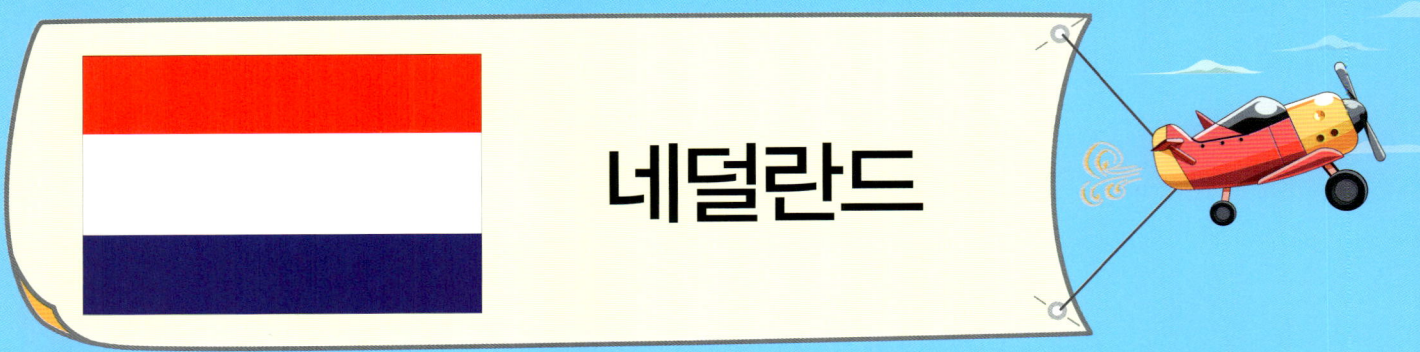

네덜란드

마스토런
Maastoren

- 북해
- 영국
- 네덜란드
- 벨기에
- 독일
- 룩셈부르크
- 프랑스

마스토런

있는 곳 : 로테르담(Rotterdam)
자격 조건 : 164.8m / 44층
세계 높이 순위 : 없음
건물 쓰임새 : 사무실
완공(사용일) : 2010년

마스토런은 네덜란드에서 가장 높고, 계절에 따라 열에너지를 효율적으로 사용하는 건물로 유명해요.

    이 건물은 회계·법률에 관한 상담과 도움을 펼치는 세계적인 기업 딜로이트(Deloitte, 본사는 영국에 있음)의 네덜란드 지사와 AKD(금융회사)에서 사용합니다. 마치 두 탑이 하늘을 향해 오르는 듯한 형태로, 하나는 높이가 164.8미터, 다른 하나는 약 105미터입니다.

    이 건물은 높이에 따라 색이 달리 보입니다. 건물 아래쪽은 어두운 회색이고 위쪽은 은백색입니다. 이렇게 건물에 색상 변화를 주려고 밑에는 돌을 사용하고 위에는 알루미늄판을 사용했다고 합니다.

    로테르담은 네덜란드에서 두 번째로 큰 도시입니다. 이 도시의 시작은 로테(Rotte)강에 댐을 건설한 1270년으로 거슬러 올라갑니다. 무역과 경제 중심지인 로테르담은 유럽에서 가장 큰 항구입니다. 이곳은 대학, 강변 풍경, 다양한 문화를 즐기는 여유와 더불어 해양 박물관과 현대 건축물로 유명합니다.

마스토런과 에라스뮈스 다리: 에라스뮈스 다리(Erasmusbrug, 영어로는 Erasmus Bridge)는 1986년에 짓기 시작하여 1996년에 완성되었어요. 니우어마스강(Nieuwe Maas River)을 가로질러 도시의 북쪽과 남쪽을 연결하지요. 네덜란드에서 두 번째로 큰 이 다리는 '로테르담의 에라스뮈스'로도 알려진 르네상스 시대(문예 부활의 시대) 인문학자 데시데리위스 에라스뮈스(Desiderius Erasmus)의 이름에서 따왔어요. 이 다리는 로테르담의 중요한 상징물이지요.

마스토런과 에라스뮈스 다리가 보이는 로테르담 전경: 로테르담은 '유럽으로 가는 관문', '세계로 통하는 관문'이라는 별명을 지녔어요.

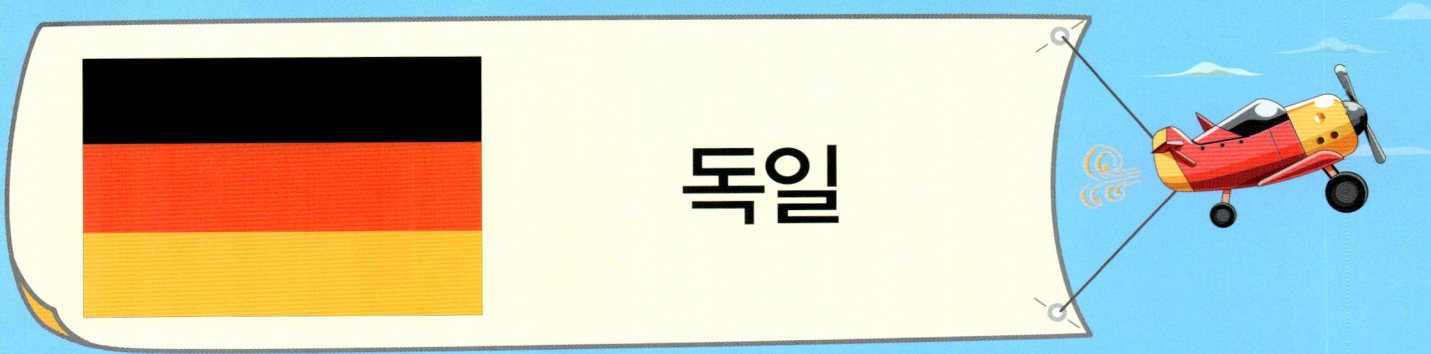

독일

코메르츠방크 타워
Commerzbank Tower

코메르츠방크 타워

있는 곳 : 프랑크푸르트(Frankfurt)

자격 조건 : 259m(안테나와 첨탑 포함 300.1m) / 56층

세계 높이 순위 : 없음

건물 쓰임새 : 사무실

완공(사용일) : 1997년

독일과 프랑크푸르트에서 가장 높은 건물이에요. 독일에서 두 번째로 큰 은행인 코메르츠방크 본사가 사용해요.

　코메르츠방크 타워는 우리나라 삼성손해보험에서 사들인 건물로 독일 프랑크푸르트 상업 중심 거리에 있습니다. 프랑크푸르트에서 가장 높은 건물이자 독일에서 가장 높은 건물입니다. 이 건물은 1994년에 공사를 시작해 완성되기까지 3년이 걸렸습니다. 이 건물은 '녹색' 초고층 건물로 설계되었고, 그 결과 세계 최초의 환경친화적인 고층 건물로 탄생했습니다. 독일 기업 코메르츠방크 본부에서 사용하고 있습니다.

　이 건물은 난방과 냉방에 사용되는 에너지를 줄이기 위해 자연의 햇빛과 신선한 공기가 드나들 수 있게 친환경 기술로 지었습니다. 햇빛을 받아들이는 열린 공간으로 동쪽, 남쪽, 서쪽 각각 세 곳씩 모두 아홉 곳의 하늘 정원이 있습니다. 삼각형 모양의 이 건물은 각각의 사무실에서 도시의 풍경과 실내 정원을 동시에 볼 수 있습니다. 하늘 정원을 꾸미려면 기둥을 세울 수 없기에 콘크리트 대신 강철을 기본 재료로 사용했습니다. 주요 건축 재료로 강철을 사용한 독일 최초의 고층 건물이기도 합니다.

　프랑크푸르트는 금융, 상업, 문화, 교육, 관광, 교통의 중심지로 많은 세계 기업과 유럽 기업 본부가 자리하고 있습니다. 또 여러 박람회로 유명한 도시답게 이곳의 프랑크푸르트 공항은 독일뿐만 아니라 유럽과 세계에서 가장 붐비는 공항입니다. 이 도시에서 1974년과 2006년 FIFA 월드컵이 열렸습니다.

코메르츠방크의 상징인 노란색 조명이 켜진 건물 모습과 프랑크푸르트 밤 풍경: 프랑크푸르트(공식 이름은 프랑크푸르트 암마인 Frankfurt am Main, 마인강 변의 프랑크푸르트)는 2019년 기준으로 독일에서 다섯 번째로 인구가 많아요. 마인강(라인강의 지류)이 흐르며 이 도시의 이름은 프랑크족의 이름에서 따왔다고 하지요.

코메르츠방크 타워의 하늘 정원

해 질 녘의 마인강(River Main): 마인강 변에는 여러 박물관이 있어요. 이곳에서 해마다 마인 박물관 강변축제가 열린다고 해요.

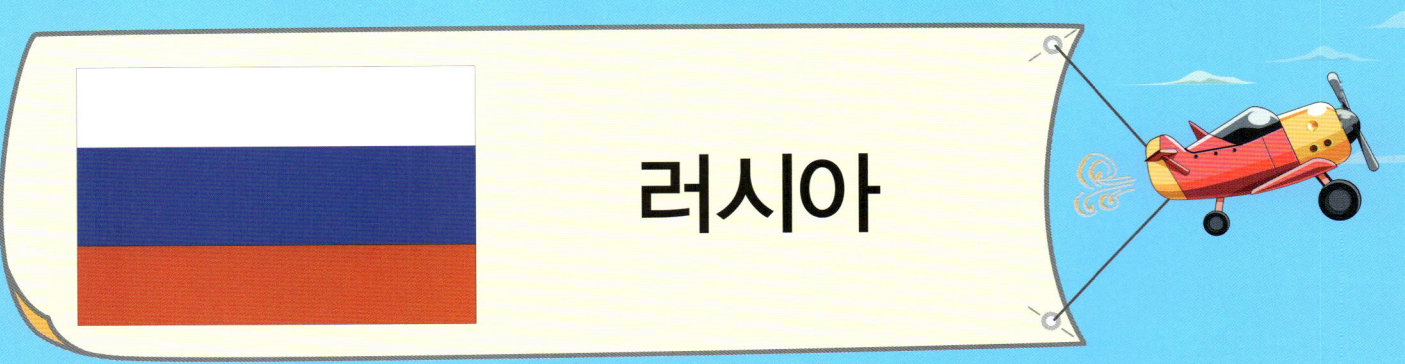

라흐타 센터
Lakhta Center

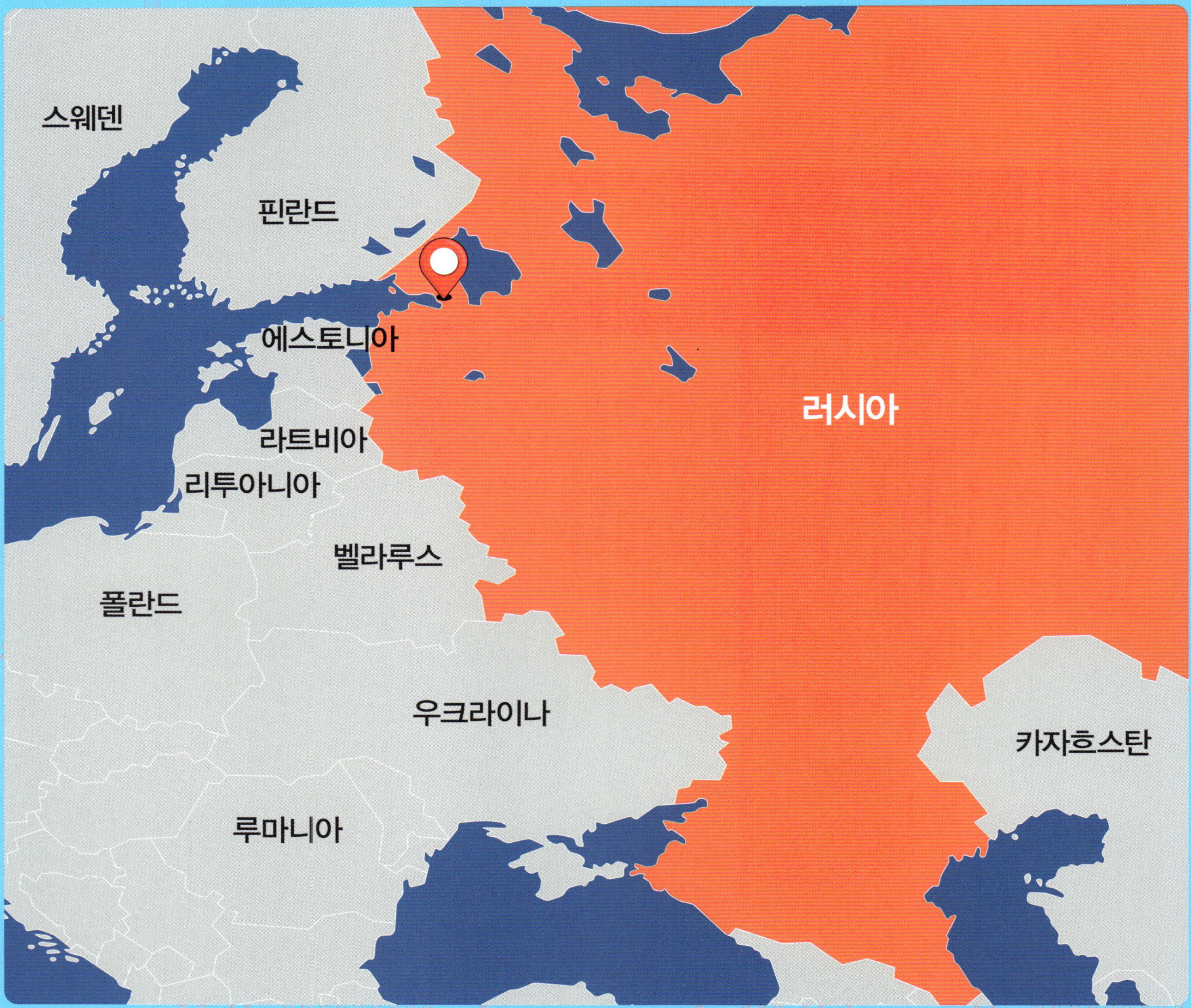

라흐타 센터

있는 곳 : 상트페테르부르크(Saint Petersburg)
자격 조건 : 462m / 87층
세계 높이 순위 : 15위
건물 쓰임새 : 복합건물
완공(사용일) : 2019년

라흐타 센터는 세계에서 가장 북쪽 끝에 자리 잡은 고층 건물이에요.

역사성, 예술성의 가치를 인정받아 유네스코 세계유산으로 지정된 도시 상트페테르부르크의 외곽 지역인 라흐타에 있는 초고층 건물입니다. 가스프롬(Gazprom, 다국적 러시아 에너지 회사) 본사가 있습니다. 러시아에서 가장 높은 건물이자 유럽에서 가장 높은 건물이며, 세계 열다섯 번째로 높습니다. 또 비틀림 설계로 지은 건물로는 세계에서 두 번째로 높습니다.

2012년에 짓기 시작한 건물 공사에는 여러 나라가 참여했으며 우리나라 삼성물산도 이름을 올렸습니다. 이 건물은 세계 5대 친환경 고층 건물로, 기초공사를 하면서 국제 규격의 수영장 8개를 한 번에 채울 수 있는 양의 콘크리트를 49시간 동안 계속 쏟아부어 2015년 3월 1일 기네스북 세계 공식 기록에 올랐습니다.

이중창을 사용하여 난방과 냉방 비용을 절약했고, 건물을 유지하는 데 쓰고 남은 열은 난방에 이용합니다. 건물을 이용하는 사람들의 걷기나 계단 오르기 따위의 운동에너지를 전기에너지로 바꾸는 시설을 비롯하여 첨단 기술로 쓰레기를 처리하여 이산화탄소(CO_2)의 배출을 줄입니다.

여름에는 최대 1000톤을 쌓아둘 수 있는 얼음 저장고가 있어 더운 낮에 에어컨을 돌리는 데 쓰이기도 합니다. 또 이동이 잦은 가을과 겨울에 새들이 유리창에 부딪히지 않게 조류 친화적인 조명을 사용했습니다. 이 건물이 자리한 러시아 북서부 지역은 습하고 바람이 많이 부는 곳이라 유리가 어는 것을 막기 위해 열선이 있는 유리창을 사용했습니다. '친환경'과 '에너지 절약' 기술로 지은 이 건물은 국제 친환경 인증서와 함께 구조 공학상 등 여러 상을 받았습니다.

네바강(Neva River)과 볼셰친스키 다리(Bolsheokhtinsky Bridge)가 있는 상트페테르부르크 풍경: 가스프롬 회사는 왼쪽 스몰니 수녀원의 대성당 앞에 건물을 지으려고 했어요. 하지만 상트페테르부르크 도시 전체가 1990년부터 세계유산으로 지정되었기 때문에 세계유산위원회는 높이 400미터 건물이 들어서면 도시 경관을 해칠 수 있다는 이유로 반대했지요. 그래서 계획을 바꿔 라흐타로 옮겨 짓게 되었어요.

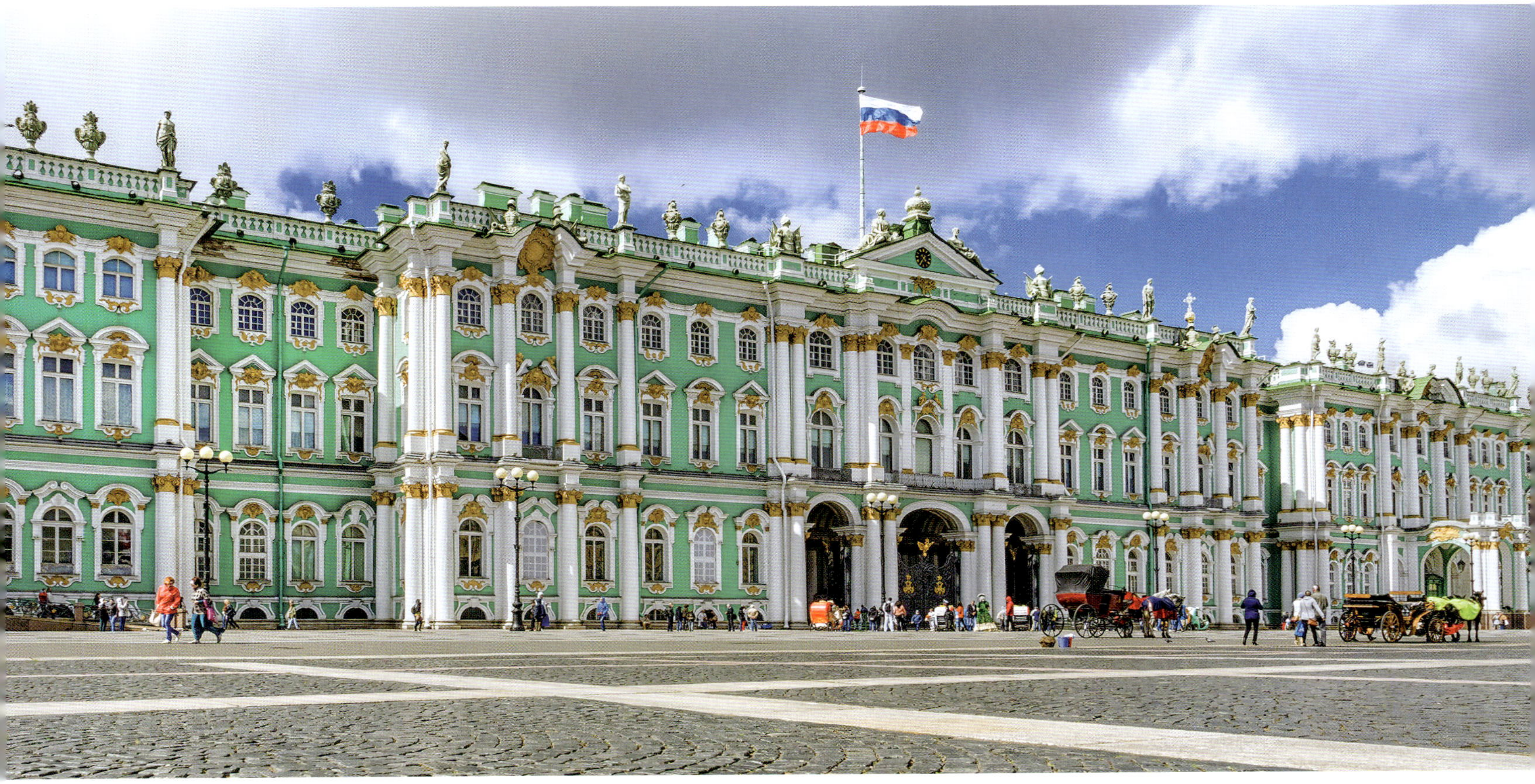

세계 3대 박물관으로 손꼽히는 에미르타주 박물관(Hermitage Museum): 러시아의 제2 도시인 상트페테르부르크는 1914~1924년까지 페트로그라드(Petrograd)로, 1924~1991년까지 레닌그라드(Leningrad)로 불리다가 1991년 이후 제 이름을 찾았어요. 발트해의 핀란드만과 접해 있고 핀란드만으로 흐르는 네바강이 있지요. 백만 명이 넘는 사람들이 살고 있어 유럽에서 네 번째로 인구가 많은 도시예요. '러시아의 문화 수도'로 알려졌으며, 러시아와 유럽의 중요한 경제, 과학, 문화 그리고 관광 중심지이지요. '북부 수도'라는 별명에 걸맞게 러시아 헌법재판소가 자리 잡고 있어요. 2018년 FIFA 월드컵과 UEFA(유럽축구연맹) 유로 2020이 열리기도 했지요.

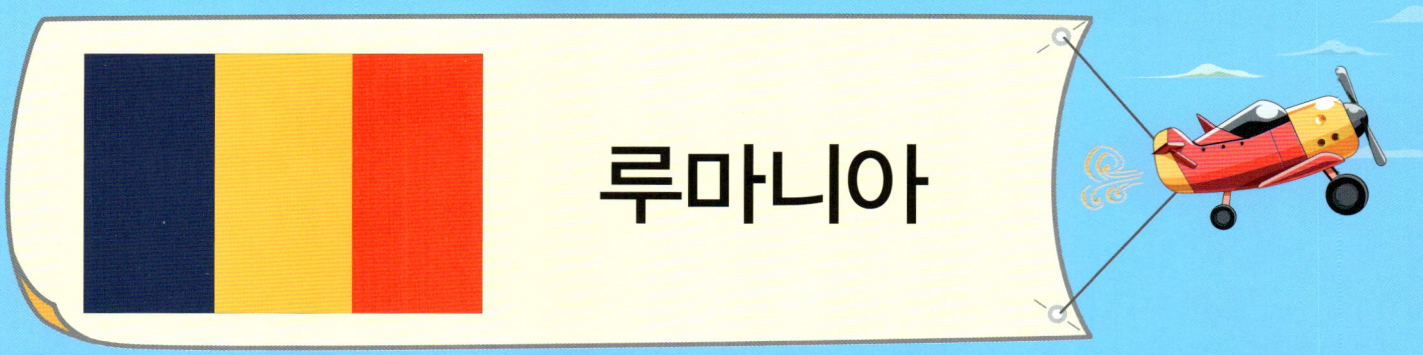

루마니아

플로레아스카 시티 센터
Floreasca City Center

플로레아스카 시티 센터

있는 곳 : 부쿠레슈티(București)
자격 조건 : 137m / 37층
세계 높이 순위 : 없음
건물 쓰임새 : 복합건물
완공(사용일) : 2013년

가운데에 우뚝 솟은 플로레아스카 시티 센터는 루마니아에서 가장 높은 건물이에요.

호수의 이름을 그대로 따온 플로레아스카 지역은 부쿠레슈티 북동부에 있습니다. 이곳에 세워진 플로레아스카 시티 센터는 사무실을 중심으로 하여 쇼핑센터, 문화 시설이 있는 복합건물입니다. 이 건물은 2008년에 공사를 시작해서 2011년 부분 완공을 거쳐 2013년에 마침내 완성되었습니다. 외관은 투명, 반투명, 불투명의 유리를 직사각형으로 배치하여 빛의 오묘한 조화를 보여 주기도 합니다. 루마니아에서 가장 높은 건물이 자리 잡은 이곳은 생활 수준이 높은 곳으로 알려졌으며 인구 밀도는 부쿠레슈티의 다른 지역보다 낮습니다.

부쿠레슈티는 루마니아의 수도이자 산업과 금융, 언론, 예술, 문화의 중심지입니다. 루마니아의 전설에 따르면 부쿠르(Bucur)라는 사람(전설에 따라서 어부, 목동, 왕자 등으로 바뀜)과 관련 있다고 하지만, '기쁨'을 뜻하는 '부쿠리'에서 비롯되어 '기쁨의 도시'라고도 합니다. 우아하고 역사적인 건축물들이 즐비하여 '동쪽의 작은 파리'라는 별명이 있습니다.

쇼핑센터와 문화 시설이 있는 플로레아스카 시티 센터 내부예요.

부쿠레슈티 밤 풍경: 아름다운 통일광장 앞의 분수는 루마니아 사람들에게 사랑받는 곳이지요.

리투아니아

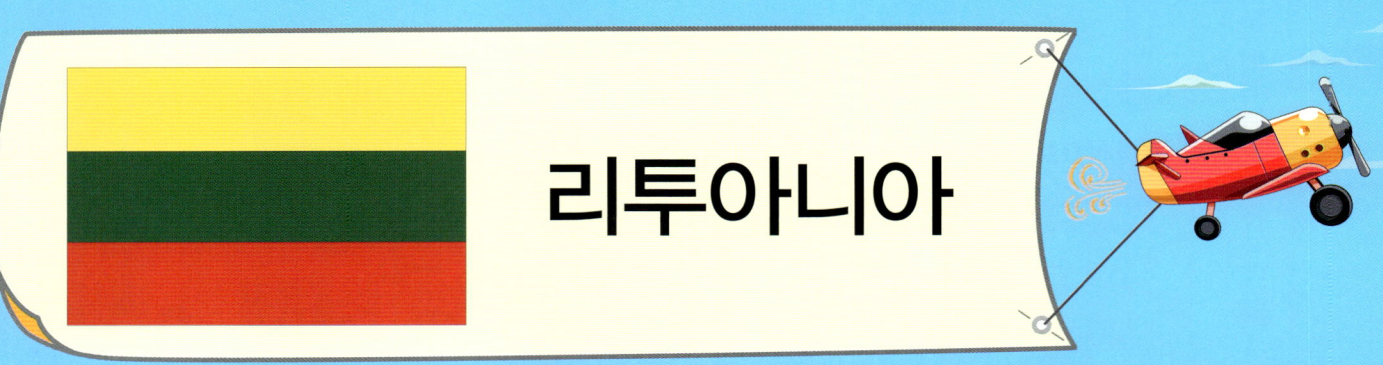

유로파 타워
Europa Tower

유로파 타워

있는 곳 : 빌뉴스(Vil'nyus)
자격 조건 : 148m / 33층
세계 높이 순위 : 없음
건물 쓰임새 : 사무실
완공(사용일) : 2004년

네리스강(Neris River) 주변의 풍경: 유로파 타워 앞으로 흐르는 이 강은 벨라루스 북부에서 시작하여 빌뉴스를 거쳐 발트해로 흘러드는 네만강의 지류예요. 길이는 510킬로미터이지요.

    리투아니아의 수도 빌뉴스에 있는 이 건물은 리투아니아의 유럽연합(EU) 가입을 기념하는 행사의 하나로 2004년 5월 1일에 문을 열었습니다. 빌뉴스의 옛 시가지에 이 건물이 들어선다고 하자 일부 사람들과 환경 단체는 역사적인 건축물들과의 조화를 해친다는 이유로 반대하기도 했습니다.

    여전히 이 건물을 못마땅하게 여기는 사람들도 있지만 이제는 도시의 현대적인 상징물로 여기는 사람들이 많다고 합니다. 탁 트인 건물 옥상에 전망대가 있으며, 많은 사람이 즐겨 찾습니다. 2006년 9월 1일 스파이더맨으로도 알려진 프랑스의 암벽 등반가이자 건물을 오르내리는 도시 등반가인 알랭 로베르(Alain Robert)가 유로파 타워를 올랐습니다.

    15세기부터 서유럽의 수많은 유대인이 박해(못살게 굴어서 해롭게 함)를 피해 이곳으로 옮겨 왔습니다. 폴란드가 이곳을 점령할 즈음에는 유대인이 이곳 인구의 30퍼센트를 차지할 정도로 유대인 중심지였습니다. 프랑스의 나폴레옹이 러시아를 공격하면서 이곳을 지날 때 '북쪽의 예루살렘'이라고 했습니다. 제2차 세계대전이 일어나자 이곳 유대인들을 포함하여 많은 사람이 목숨을 잃었다고 합니다. 이후 소련의 지배를 받았지만 1991년 독립을 이루어냈고, 1993년 소련군이 모두 물러났습니다. 빌뉴스라는 이름은 리투아니아어로 잔물결을 뜻하는 빌니아강(Vilnia River)에서 유래했습니다.

하늘에서 내려다본 빌뉴스의 옛 시가지: 이곳의 수많은 옛 건축물은 1994년 유네스코 세계유산으로 지정되었어요. 이곳에는 왕궁, 교회, 박물관, 미술관 등 역사가 오래된 건물이 즐비하지요.

빌뉴스의 주요 상징인 어퍼 성(Upper Castle)의 게디미나스 탑(Gediminas' Tower): 앞의 네리스강을 가로지르는 다리는 민다우가스 다리(Mindaugas Bridge)예요. 다리 이름은 리투아니아의 왕 민다우가스의 이름에서 따왔지요. 민다우가스 왕의 대관식 750주년을 기념하는 이 다리는 2003년에 완성되었어요. 다리 길이는 101미터, 너비는 19.7미터이지요.

모나코

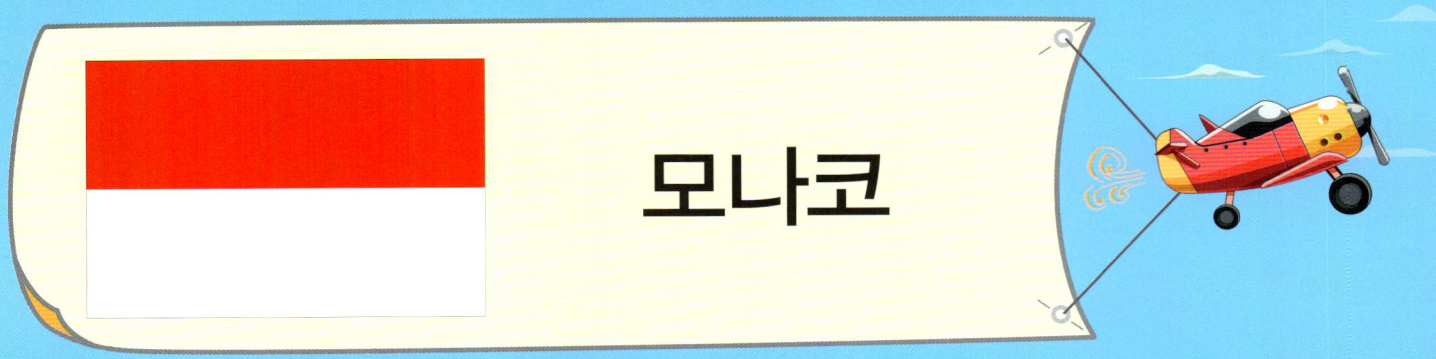

오데온 타워

Odeon Tower, 프랑스어 Tour Odéon

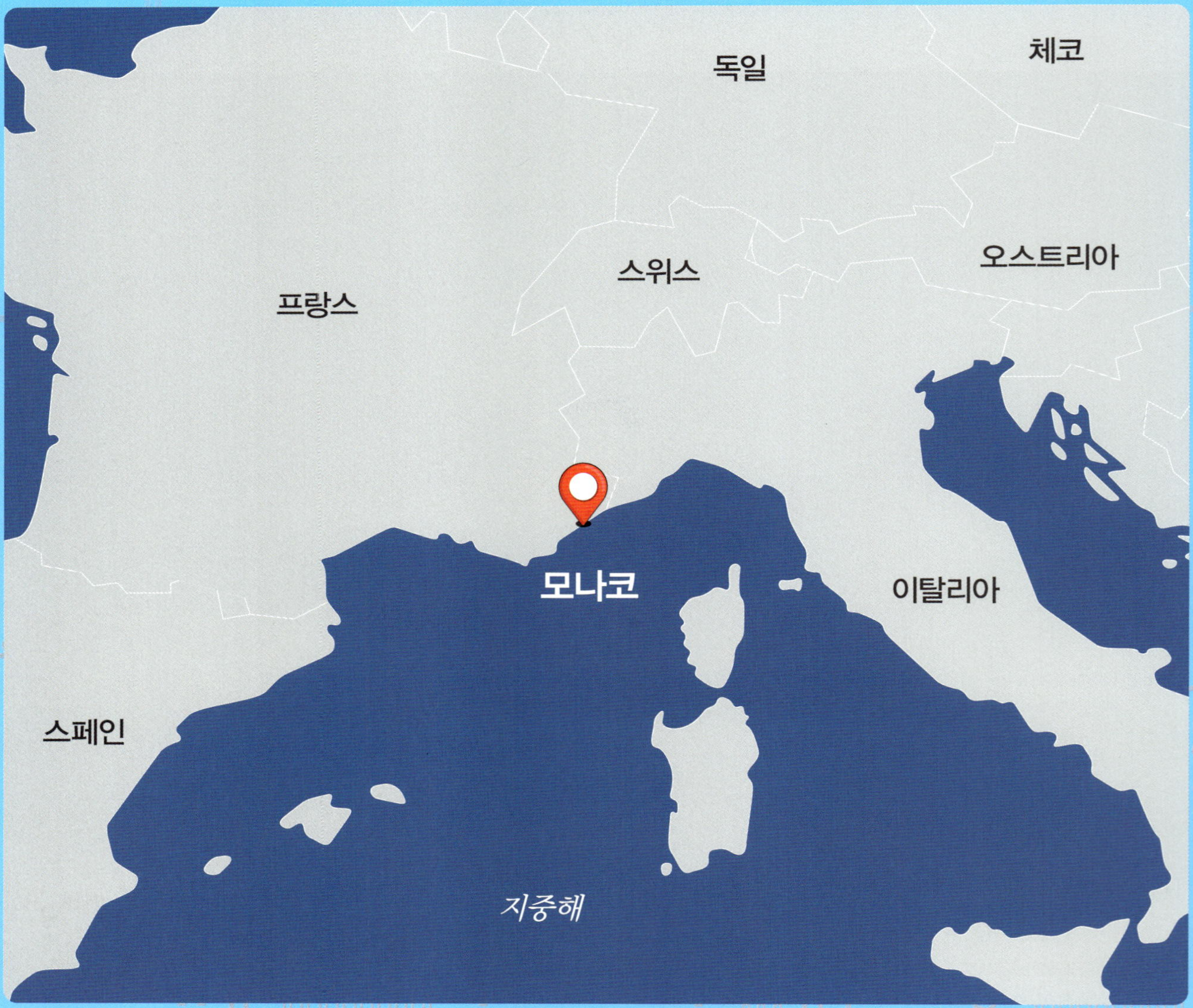

오데온 타워

있는 곳 : 모나코(Monaco)
자격 조건 : 170m / 49층
세계 높이 순위 : 없음
건물 쓰임새 : 복합건물
완공(사용일) : 2015년

도시의 경관을 해친다며 비난받았던 오데온 타워와 주변 풍경이에요.

　세계에서 두 번째로 작은 나라이자 도시국가인 모나코의 첫 번째 고층 건물입니다. 계획 시작부터 높은 건물이 도시 풍광을 해친다는 비판이 있기도 했습니다. 건물의 이름은 이 건물을 소유한 회사의 이름에서 따왔습니다. 모나코의 '경제 발전을 상징'하는 건물이라고도 합니다. 2009년 경제 위기 중에 건설이 시작되었고 2015년에 완공되었습니다.

　모나코의 정식 이름은 모나코 공국(Principality of Monaco)입니다. 공국이란 국왕에게서 공작 작위를 받은 귀족이 국왕이 내린 영토를 다스리는 나라를 뜻합니다. 1861년 프랑스에서 독립했지만 여전히 군대 등의 권한은 프랑스에 있습니다. 공식 언어는 프랑스어이지만 모네가스크어(이탈리아 리구리아 지역에서 사용하는 리구리아어의 지방어), 이탈리아어와 영어도 함께 사용합니다.

　모나코라는 이름은 고대 그리스 신화의 영웅 헤라클레스(Hercules)와 관련 있습니다. 헤라클레스가 이곳을 지나간 것을 기념하기 위해 '모노이코스(Monoikos, 유일한 신전)'를 세웠고, 모나코는 모노이코스에서 비롯된 이름입니다.

　인구는 대부분 프랑스인이며, 이보다 적지만 이탈리아인도 상당수를 차지해서 겨우 15퍼센트 정도만 모나코 원주민인 것으로 알려졌습니다. 로마의 바티칸시국에 이어 세계에서 두 번째로 작은 주권국가이며 세계에서 두 번째로 인구 밀도가 높은 국가이기도 합니다.

해양 보존 연구의 중심지인 모나코: 세계 최초로 해양 보호 구역으로 지정된 해양 생물 서식지, 해양학 박물관과 유엔의 유일한 해양연구소인 국제원자력기구 환경연구소가 자리하고 있어요.

해양 박물관(Oceanographic Museum): 오른쪽 절벽 끝의 하얀 건물로 1910년에 문을 열었어요. 이 박물관은 대대적인 보수 공사를 거쳐 2010년 3월에 개관 100주년을 맞았지요. 박물관에는 다양한 해양 동물 종(불가사리, 해마, 거북이, 해파리, 게, 바닷가재, 가오리, 상어, 성게, 해삼, 장어, 오징어 등)을 전시하고 있어요. 또 모형 배, 바다 동물 해골, 도구, 무기 따위를 포함한 매우 다양한 해양 관련 물품을 비롯해, 연체동물 그리고 진주로 만든 다양한 물품들도 만날 수 있지요.

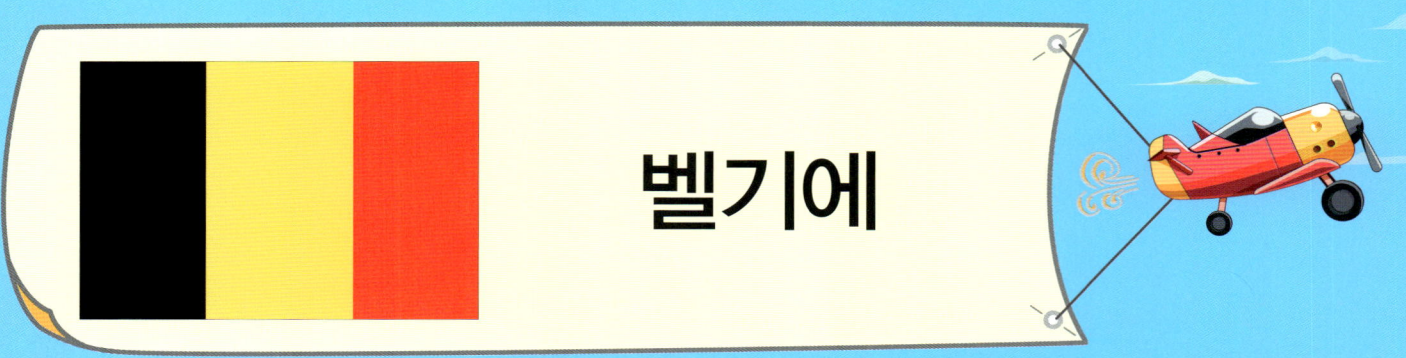

벨기에

투르 두 미디
Tour du Midi

투르 두 미디

있는 곳 : 브뤼셀(Brussel)

자격 조건 : 148m / 38층

세계 높이 순위 : 없음

건물 쓰임새 : 사무실

완공(사용일) : 1967년

1995~1996년에 이 건물의 유리를 은빛으로 반짝이는 이중창으로 바꾸었다고 해요.

이 건물(네덜란드어로는 자이더토렌Zuidertoren)은 영어로 '남쪽 건물(South Tower)'이라는 뜻입니다. 벨기에의 연금관리국 건물로 지었으며 지금도 사용하고 있습니다. 1962년에 짓기 시작해 1967년에 완성되었고, 브뤼셀 남부역 가까이에 자리하고 있습니다.

브뤼셀은 센느강(River Senne)의 작은 시골 마을에서 유럽의 중요한 도시 지역으로 성장했습니다. 제2차 세계대전이 끝난 이후 국제정치의 주요 중심지로, 유럽연합(EU) 본부를 비롯해 수많은 국제기구가 자리하고 있습니다. 벨기에의 경제 수도이며 철도, 도로와 항공 등 교통의 중심지로 때때로 '유럽의 교차로'라는 별명으로 불립니다.

벨기에는 공식적으로 프랑스어와 네덜란드어 두 언어를 사용합니다. 맛있는 음식을 함께 먹으며 대화하면서 그 시간을 즐기는 문화, 역사적 건축물이 유명합니다. 그 가운데 일부는 유네스코 세계유산으로 등록되어 있습니다. 브뤼셀의 상징이자 유럽에서 아름다운 광장으로 손꼽히는 그랑 플라스(Grand Place), 오줌 누는 소년(Manneken Pis) 동상, 국립 오페라 하우스인 라모네(La Monnaie) 그리고 벨기에에서 열린 1958년 세계박람회를 기념하고자 원자핵 분열의 순간을 표현하여 세운 기념관 아토미움(Atomium) 따위가 있습니다. 또한 오랜 만화 역사를 지닌 벨기에에서 브뤼셀은 연재만화의 수도라고도 합니다.

오페라 하우스 라모네: 원래 동전과 화폐를 만들던 조폐국 건물이 있던 자리였어요. 1695년 폭격으로 건물이 무너지자 이곳에 극장을 지었고, 1818년 새롭게 단장했어요. 1855년 화재로 불에 타자 1856년에 다시 세워졌지요. 이후로 크고 작은 수리를 거쳤고 1986년에 완전히 고쳐 지어야 한다는 결정에 따라 현재의 모습을 갖추었어요.

그랑 플라스: '웅장하고 아름다운 광장'이라는 뜻이에요. 왼쪽 건물은 시청, 그 맞은편이 왕의 집이라 불리는 브뤼셀 시립박물관 건물이에요. 브뤼셀의 상징인 그랑 플라스는 1998년 유네스코 세계유산으로 지정되었지요. 광장에서는 축제와 문화 행사가 자주 열려요. 짝수 해 8월이면 광장 가운데에 약 백만 송이 꽃으로 거대한 카펫을 꾸미는 것으로 유명하지요.

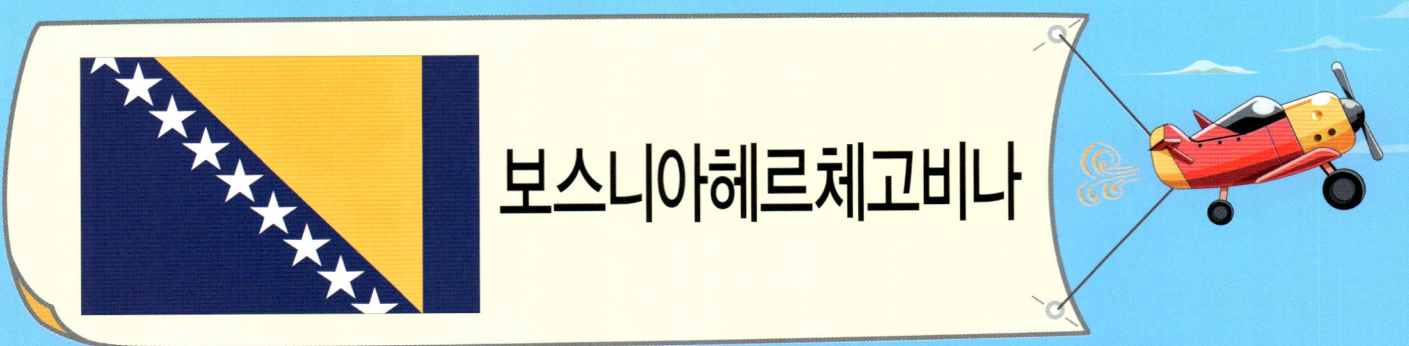

보스니아헤르체고비나

아바즈 트위스트 타워
Avaz Twist Tower

아바즈 트위스트 타워

있는 곳 : 사라예보(Sarajevo)
자격 조건 : 142m / 40층
세계 높이 순위 : 없음
건물 쓰임새 : 사무실
완공(사용일) : 2008년

발칸 반도에서 가장 높고, 세계에서 아름다운 10대 건물의 하나로 손꼽히는 건물이에요.

　아바즈 트위스트 타워는 신문사 드네브니 아바즈(Dnevni avaz)의 건물로, 지금은 사무실과 호텔 등이 자리하고 있습니다. 2006년에 짓기 시작하여 2년 후인 2008년에 완성되었습니다. 꽈배기처럼 뒤틀린 모습으로 유명합니다. 2009년 알루미늄 창과 문을 만드는 세계적으로 유명한 독일 회사(슈코Schüco)에서 이 건물을 세계에서 아름다운 10대 건물의 하나로 선정했다고 합니다.

　보스니아헤르체고비나는 1990년대 유고슬라비아 연방에서 독립했고, 나라 이름은 북부의 보스니아, 남부의 헤르체고비나에서 따와 지었습니다. 밀랴츠카강(River Miljacka)이 흐르는 이 나라의 수도 사라예보는 인구가 가장 많은 도시입니다. 유럽 대륙의 남쪽, 지중해의 동쪽에 있는 삼각형 모양의 반도를 발칸 반도라고 합니다. 사라예보는 발칸 반도의 정치, 금융, 사회와 경제 중심지이자 영화와 음악, 패션, 예술 등 문화 중심지이기도 합니다.

　역사적으로 여러 종교와 문화가 존재하고 있어 사라예보는 때때로 '유럽의 예루살렘' 또는 '발칸의 예루살렘'으로 불립니다. 같은 동네에 이슬람 사원, 가톨릭 교회, 정교회, 유대교 회당이 섞여 있기 때문입니다. 사라예보는 전기 트램(Tram, 도로에 철로를 깔아 움직이는 전차)을 1885년부터 운행하기 시작했고, 유럽에서 첫 번째, 샌프란시스코에 이어 세계에서 두 번째로 24시간 트램을 운행하고 있습니다. 세계 18개 영화 도시의 하나입니다.

정류장에서 출발하려는 트램 뒤로 아바즈 트위스트 타워가 보여요.

밀랴츠카강이 흐르는 사라예보의 저녁 풍경: 강 오른쪽 아래 노란빛을 띤 돔 건물이 사라예보의 시청 비예크니차(Vijecnica)예요. 세르비아의 포격으로 파괴되기 전에는 국립 도서관이 있었다고 하지요.

스위스

로슈 타워
Roche Tower

로슈 타워

있는 곳 : 바젤(Basel)
자격 조건 : 178m / 41층
세계 높이 순위 : 없음
건물 쓰임새 : 사무실
완공(사용일) : 2015년

로슈 타워 1은 현재 스위스에서 가장 높은 건물이지만, 오른쪽 사진의 직사각형 건물 로슈 타워 2(2021년 4월의 모습)가 완성되면 그 지위를 물려주게 되어요.

　로슈 타워 1은 '빌딩 1(독일어로는 Bau 1)'이라고도 알려졌습니다. 이 건물은 스위스의 유명한 제약회사인 로슈(Hoffmann-La Roche)에서 소유하고 있습니다. 도시 계획법이 엄격한 스위스에는 고층 건물이 거의 없습니다. 이 건물을 짓기 전부터 지진에 견딜 수 있는 대책을 마련하여 철근콘크리트 기둥 143개를 땅속에 박았습니다. '리히터 규모' 6.9의 지진(사람이 사는 곳 30퍼센트 이하가 파괴되는 정도)을 견딜 수 있어 정부 규정보다 더 우수한 것으로 알려졌습니다. 2022년 205미터 높이의 로슈 타워 2가 완공되면 스위스에서 가장 높은 건물의 지위에서 물러납니다.

　스위스 북서부의 라인강(River Rhine) 변에 있는 바젤은 스위스에서 취리히와 제네바에 이어 세 번째로 인구가 많은 도시입니다. 스위스는 독일어, 프랑스어, 이탈리아어를 표준어로 사용하고 있으며, 이 가운데 독일어를 사용하는 지방이 많습니다. 바젤도 독일어가 표준어이지만 주로 독일어 방언을 사용합니다. 바젤에는 유명한 박물관을 비롯해 40여 곳의 박물관이 도시 곳곳에 있어 스위스의 문화 수도로 여길 만큼 문화 중심지입니다.

　1460년에 설립된 스위스에서 가장 오래된 바젤 대학교는 세계적으로도 오랜 역사를 자랑합니다. 독일의 시인이자 철학자인 니체가 이 학교의 교수를 지냈고, 스위스의 유명한 심리학자이자 정신의학자인 칼 융은 이 학교에서 공부했습니다. 바젤은 취리히, 제네바와 함께 세계에서 가장 살기 좋은 10대 도시 중 하나로 선정되었습니다.

쿤스트뮤지엄 바젤(Kunstmuseum Basel): 베른 시립 미술관이라는 뜻이에요. 1661년 세계 최초로 미술관 예술품을 일반 사람들에게 공개했고, 스위스에서 가장 큰 미술관이지요. 이 밖에도 바이엘러 재단(Fondation Beyeler) 등 많은 박물관이 있어 문화의 중심지로 손색이 없어요.

라인강 변의 바젤 풍경: 정면으로 보이는 건물은 스위스의 국가 문화유산인 바젤 대성당(Basel Minster)이에요.. 1019년에 짓기 시작하여 1500년에야 완성된 이 성당은 1356년 대지진으로 파괴되었지만 지금과 같은 형태로 다시 지었다고 해요.

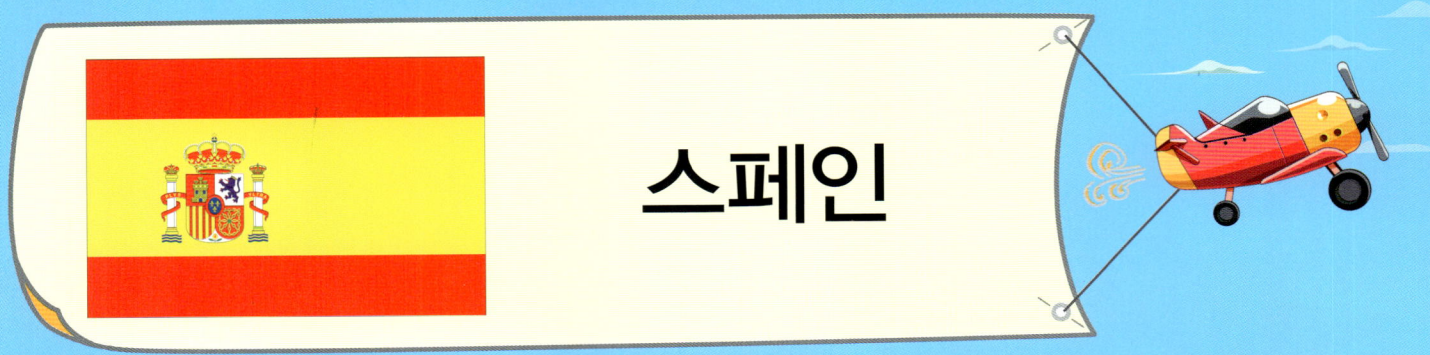

스페인

토레 데 크리스탈
Torre de Cristal

토레 데 크리스탈

있는 곳 : 마드리드(Madrid)
자격 조건 : 249m / 52층
세계 높이 순위 : 없음
건물 쓰임새 : 사무실
완공(사용일) : 2008년

네 동의 높은 건물이 자리 잡은 이곳은 마드리드 상업 지구예요. 왼쪽에서 두 번째 건물이 토레 데 크리스탈, 오른쪽 끝에 있는 건물은 토레 세프사(Torre Cepsa)이지요. 토레 세프사는 높이가 248.1미터, 45층으로 스페인에서 두 번째로 높아요.

영어로 크리스털 타워(Cristal Tower)라는 뜻의 이 건물은 스페인의 수도 마드리드 상업 지구의 중심부에 자리하고 있습니다. 이 건물은 네덜란드에 본사가 있는 세계적인 회계·재무·자문 기업 KPMG이 소유하고 있습니다.

마드리드는 스페인의 수도이자 가장 인구가 많은 도시입니다. 만자나레스강(River Manzanares)이 흐르는 이 도시는 스페인의 정치, 경제, 문화 중심지이기도 합니다. 정치, 교육, 영화와 음악, 패션, 정보, 과학, 문화, 예술에 대한 영향력이 세계 최고의 도시 가운데 하나로 손꼽힙니다.

세계적으로 유명한 프로 축구팀인 레알 마드리드와 아틀레티코 마드리드가 있습니다. 세계에서 여덟 번째로 살기 좋은 도시라는 평가도 받았습니다. 현대적인 건축물이 들어서 있지만 옛 건축물과 거리가 잘 보존되어 있습니다. 이곳의 상징물로는 마요르 광장(Plaza Mayor), 마드리드 왕궁(Royal Palace of Madrid), 많은 국립 박물관이 있으며, 마드리드의 역사적 중심지인 시벨레스 광장의 시벨레스 궁전(Cybele Palace)과 분수도 많은 사람에게 인기를 끌고 있습니다.

시벨레스 분수와 뒤로 보이는 시벨레스 궁전: 1919년에 지은 시벨레스 궁전은 2011년까지 공식적으로 통신 궁전(Palacio de Comunicaciones)으로 알려졌어요. 이 도시의 통신(우편이나 전신, 전화) 본부였지만, 지금은 시청, 시의회와 공공 문화 시설인 센트로센트로(CentroCentro)가 있지요.

메트로폴리스 빌딩(Metropolis Building): 메트로폴리스는 '어머니'와 '도시'라는 그리스어에서 유래한 '거대도시'를 뜻해요. 스페인 마드리드에서 가장 긴 거리인 알칼라 거리(Calle de Alcalá, 길이 11킬로미터, 건물의 왼쪽 길)와 그란 비아(Gran Vía, 큰길이라는 뜻, 건물의 오른쪽 길) 사이에 있는 건물이에요. 1911년에 완공된 높이 45미터, 5층인 이 건물은 사무실로 사용하고 있어요. 메트로폴리스 빌딩은 시벨레스 광장을 바라보고 있어요.

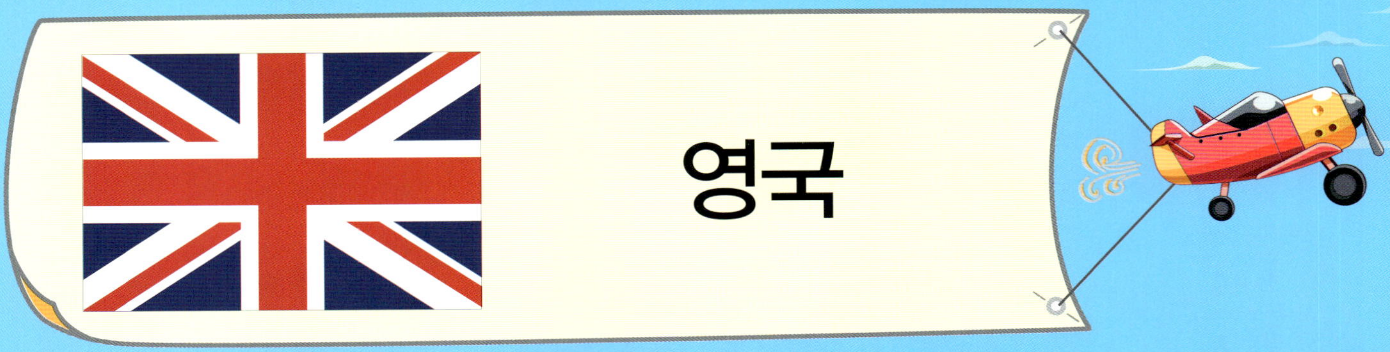

 영국

샤드
The Shard

샤드

있는 곳 : 런던(London)
자격 조건 : 309.6m / 72층
세계 높이 순위 : 없음
건물 쓰임새 : 복합건물
완공(사용일) : 2012년

뾰족한 탑(첨탑) 모양의 샤드 빌딩은 런던 스카이라인을 해치지 않고 조화를 이루게 설계되었다고 해요.

이탈리아 건축가 렌초 피아노(Renzo Piano)가 설계한 이 건물은 영국에서 가장 높은 건물이자 유럽에서 일곱 번째로 높습니다. 셀라(Sellar Property Group, 유명한 영국 부동산 기업)에서 개발했으며 이 기업이 5퍼센트, 서아시아에 있는 카타르 정부가 95퍼센트 몫으로 함께 소유하고 있습니다.

건축가 렌초는 샤드 건설에 참여한 셀라 관계자와의 식사 자리에서 기존의 고층 건물에 대한 의견을 말하다가 레스토랑 메뉴판을 뒤집어 자기가 구상한 조형물을 그렸다고 합니다. 그 밑그림은 유적지 옆의 철로와 18세기 베네치아 화가 카날레토(Canaletto)가 그린 런던 첨탑, 범선의 돛대에서 영감을 받았다고 합니다.

건축가 렌초의 설계를 보고 '역사적인 런던의 중심부를 관통하는 유리 조각'이 될 것이라는 비판이 있었습니다. 렌초는 런던의 스카이라인과 어울리게 첨탑 형태로 건물을 설계했는데, 도시의 역사적인 판화에 등장하는 교회 첨탑을 떠올리게 했습니다.

건물 외벽은 날씨와 계절에 따라 바뀌는 햇빛을 반사할 수 있게 유리를 각지게 배치했으며, 거의 축구장 8개 면적에 버금가는 유리판 11,000장을 사용했습니다. 렌초가 샤드('비늘'이라는 뜻이 있음)라는 이름을 강조한 것도 이러한 까닭에서였습니다.

이 건물은 천연가스를 연료로 하여 전기로 사용하고 이때 나오는 엔진의 열로 건물에 온수를 공급하는 구조입니다. 건설 도중에 미완성된 건물 꼭대기에서 여우가 발견되었습니다. 직원들이 로미오라는 이름을 붙인 이 여우는 중앙 계단을 통해 건물에 들어와 기술자들이 남긴 음식을 먹고 살았을 것으로 짐작한다고 합니다. 로미오는 구조되어 동물보호 센터로 옮겨졌다고 합니다.

1749년 카날레토가 그린 〈요크강 수문 근처에서 본 웨스트민스터시(The City of Westminster from River Thames near the York Water Gate)〉

▲ 엠리무어(Emley Moor) 송신소: 통신과 방송 시설로 1971년에 전송을 시작한 높이 330.4미터의 구조물이에요. 영국에서 가장 높은 독립 구조물이지요. 이 탑은 지역 이름인 엠리무어라고 알려졌지만, 정식 이름은 아키바 타워(Arqiva Tower)예요.

▲ 템스강의 타워 브리지(Tower Bridge)와 샤드의 저녁 풍경: 로마 시대에 건설되어 론디니움(Londinium)으로 불렸던 런던은 템스강을 끼고 2000년 동안 발전해 왔어요. 런던이라는 이름은 '주기적으로 홍수가 일어나는 장소'라는 뜻에서 비롯되었다고 하지요. 타워 브리지는 1886년에 공사를 시작해 8년이 지난 1894년에 완성되어 많은 사람에게 사랑받는 다리이지요.

DC 타워 1
DC Tower 1

DC 타워 1

있는 곳 : 빈(Wien)
자격 조건 : 220m / 60층
세계 높이 순위 : 없음
건물 쓰임새 : 복합건물
완공(사용일) : 2014년

DC 타워는 경제 기반이 탄탄한 상업 중심지인 빈을 상징하고 있어요.

　DC 타워(도나우 시티 타워Donau City Towers)는 원래 한 쌍으로 기획된 건물입니다. 먼저 DC 타워 1이 2014년에 문을 열었고, 이후 DC 타워 2를 세울 예정이라고 합니다. 프랑스 국립 도서관을 설계하여 세계적으로 유명해진 프랑스 건축가이자 도시계획가인 도미니크 페로(Dominique Perrault)가 두 건물을 모두 설계했습니다. 사무실을 비롯하여 식당과 호텔이 자리하고 있습니다.

　빈은 오스트리아의 수도로 가장 인구가 많고 정치와 경제, 과학, 문화와 예술 그리고 음악의 중심지입니다. 독일 베를린을 제외하고 세계에서 첫 번째로 독일어를 가장 많이 사용하는 도시이기도 합니다. 2018년, 2019년 영국의 경제 잡지 〈이코노미스트〉는 세계에서 가장 살기 좋은 도시로 선정하기도 했습니다. 이 도시는 오스트리아 동부에 자리 잡고 있으며 체코, 슬로바키아, 헝가리 국경과 가깝습니다.

　2001년 시내 중심가가 유네스코 세계유산으로 지정되었습니다. 또한 베토벤과 모차르트와 같은 세계적인 음악가들이 활동했던 '음악의 도시'입니다. 세계 최초의 정신분석학자 지그문트 프로이트(Sigmund Freud)의 고향이라 '꿈의 도시'라고도 합니다.

　도시 이름의 유래에 대해서는 여전히 여러 의견이 많습니다. '숲의 시내'를 뜻하는 단어에서 비롯되었다는 의견도 있고, '공정한 마을, 하얀 정착지'를 뜻하는 단어에서 비롯되었다는 의견도 있습니다.

부르크 극장(Burgtheater)과 붉은 트램이 있는 링슈트라세 거리: 부르크는 '성(castle)'이라는 뜻으로, 이 극장은 황실극장(Imperial Court Theatre)을 가리켜요. 1741년에 문을 연 오스트리아의 국립 극장으로, 세계에서 아주 손꼽히는 극장이에요. 링슈트라세(Ringstraße) 거리는 빈의 중심지이며 역사적인 옛 시가지의 순환도로 역할을 하는 원형의 웅장한 길이라고 해요. 건축학적 아름다움과 역사를 지닌 이 거리는 '순환도로의 제왕'으로 불리며 유네스코 세계유산으로 지정되었어요.

빈 시청 앞에서 크리스마스 시장이 열리고 있는 밤 풍경: 빈 시청은 1872년에 짓기 시작하여 1883년에 완성된 신고딕 양식(Neo-Gothic style)으로 지어진 건물이에요.

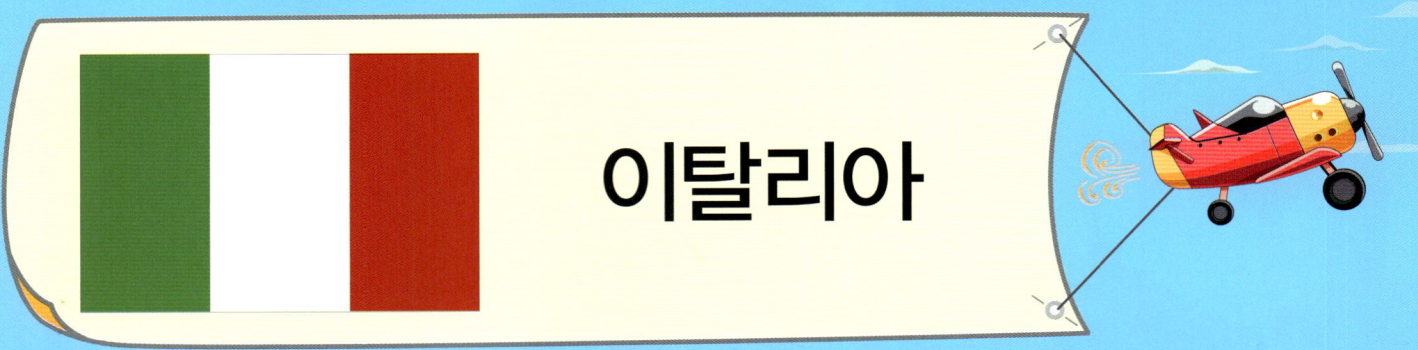

이탈리아

토레 유니크레디트
Torre UniCredit

토레 유니크레디트

있는 곳 : 밀라노(Milan 또는 Milano)
자격 조건 : 231m / 31층
세계 높이 순위 : 없음
건물 쓰임새 : 사무실
완공(사용일) : 2011년

유니크레디트 타워 맞은편, 녹색 식물들로 뒤덮인 한 쌍의 건물은 2014년에 완공된 '수직 숲(보스코 베르티칼레Bosco Verticale)'이라는 주거용 건물이에요. 유럽 최대의 재개발 계획에 따라 지은 건물로, 두 건물 가운데 높은 건물은 26층에 높이 110미터(토레Torre E라고 함), 낮은 건물은 18층에 높이 76미터이지요. 이 건물은, 주인공이 땅을 버리고 평생을 나무에서 살기로 결정했다는 소설에서 영감을 얻었다고 해요. 건물 층마다 식물을 심어 이산화탄소를 흡수하고 산소를 만들어 공기 오염을 누그러뜨리는 데 도움이 되고 있지요.

    이 건물은 이탈리아 최대 은행인 유니크레디트(UniCredit)의 본사입니다. 대규모 주거지와 상업 지구 재개발의 일부라고 합니다. 건물의 첨탑은 조명(LED 조명)으로 완전히 덮여 있으며 밤에도 계속 켜져 있습니다. 보통 때는 이탈리아 국기를 상징하는 녹색, 하얀색, 빨간색으로 불을 밝히지만, 행사에 따라 색깔이 바뀌기도 합니다. 예를 들어, 2013년 크리스마스 기간에는 크리스마스 트리를 나타내기 위해 녹색으로, 2014년 6월 14~15일 밤에는 이탈리아 적십자 150주년을 기념하기 위해 빨간색으로 불을 밝혔습니다. 2015년 11월 14일 저녁, 전날 밤에 일어난 프랑스 파리의 바타클랑 극장과 축구 경기장인 스타드 드 프랑스의 총격 희생자에 대한 슬픔을 표현하기 위해 프랑스 국기 색을 밝히기도 했습니다. 2016년 6월 13일에는 미국 플로리다에서 일어난 올랜도 나이트클럽 총격 사건의 희생자 49명을 기리기 위해 타워에 무지갯빛의 불이 켜졌습니다.

    밀라노는 이탈리아 수도 로마 다음으로 두 번째로 인구가 많고, 서로마제국, 밀라노 공국, 롬바르디아-베네치아 왕국의 수도였습니다. 예술, 상업, 디자인, 교육, 종합 연예산업, 패션, 금융, 의료, 정보, 서비스, 과학 그리고 관광 분야에서 세계적인 중심지로 손꼽힙니다. 세계 최대 규모인 밀라노 패션 위크(Milan Fashion Week)와 밀라노 가구 박람회(Milan Furniture Fair)를 비롯한 여러 국제 행사와 박람회 덕분에 세계 4대 패션 도시로 인정받았습니다.

유니크레디트 타워를 비롯한 밀라노의 중심부 포르타 누오바(Porta Nuova) 지구: 오랫동안 도시 개발을 위해 계획하고 설계했다고 해요.

두오모 광장(Piazza del Duomo): 밀라노 대성당의 이름(두오모)을 딴 밀라노 중심 광장이에요. 오른쪽 밀라노 대성당(Duomo di Milano)은 1386년에 짓기 시작하여 마침내 1965년에 완성되었지요. 완성하는 데 거의 600년이 걸린 셈이에요. 이탈리아에서 가장 큰 교회이며, 바티칸시국의 대성당에 이어 유럽에서 두 번째 그리고 세계에서 세 번째로 큰 규모이지요. 왼쪽 건물은 갤러리아 비토리오 엠마누엘레 2(Galleria Vittorio Emanuele II)로 1865~1877년에 지은 아주 오래된 쇼핑센터예요.

체코

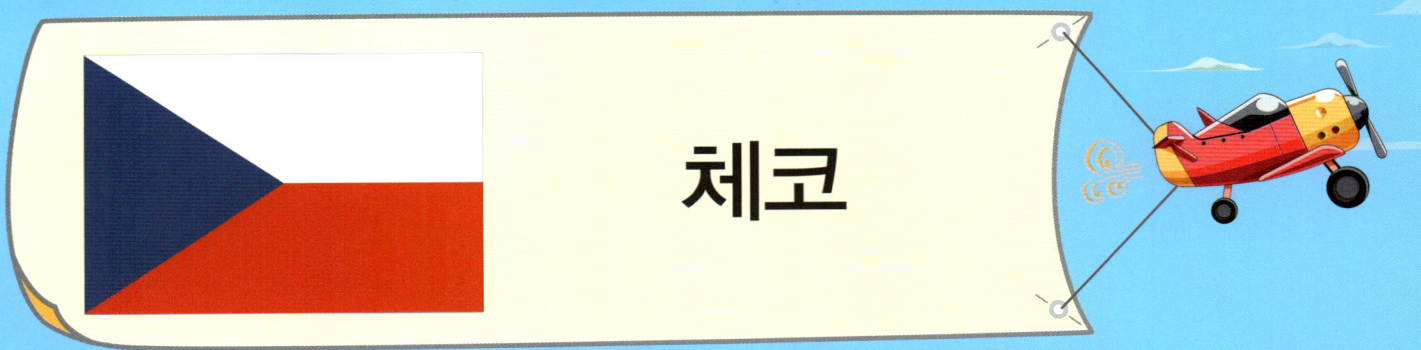

아제트 타워
AZ Tower

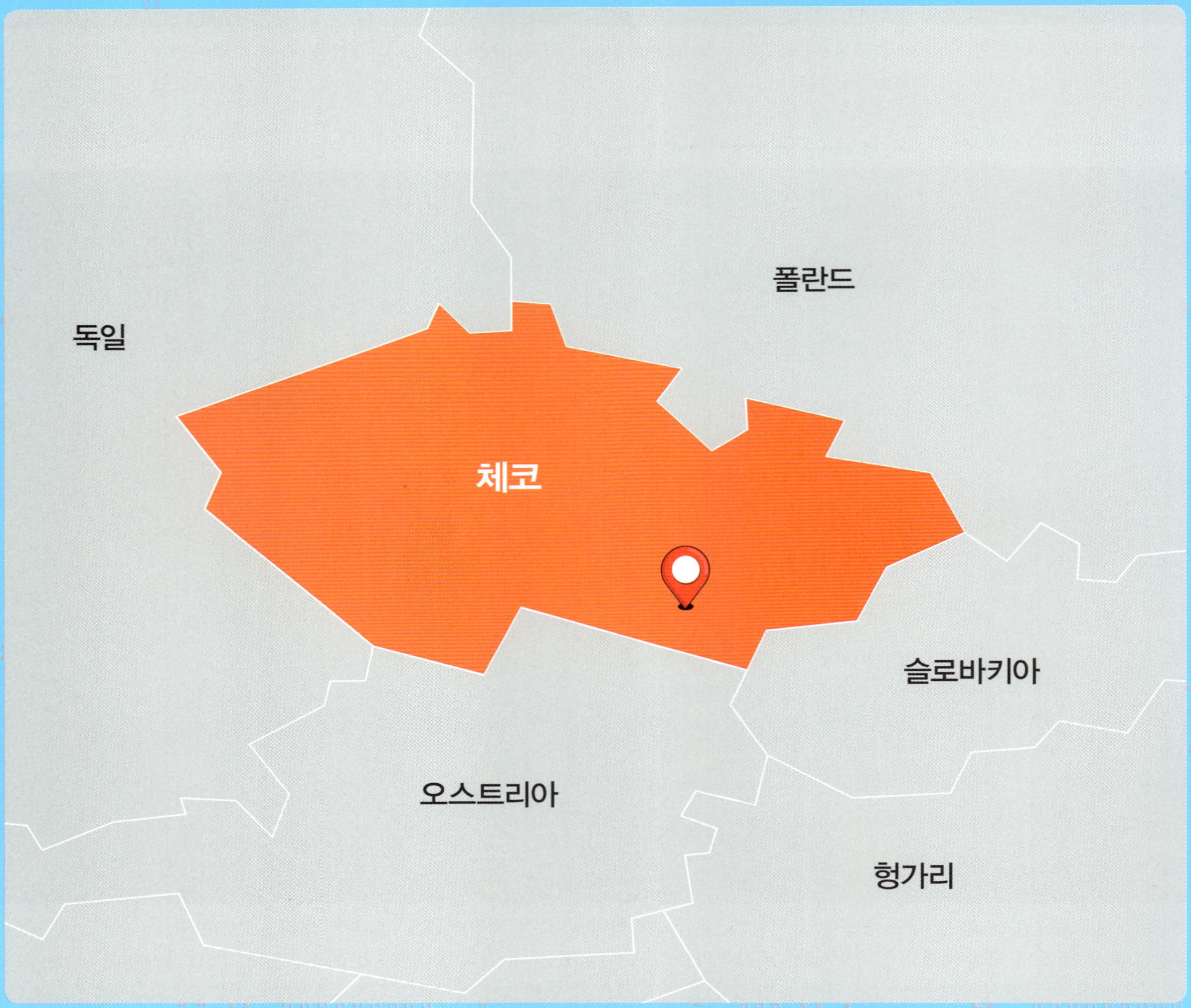

아제트 타워

있는 곳 : 브르노(Brno)
자격 조건 : 111m / 30층
세계 높이 순위 : 없음
건물 쓰임새 : 복합건물
완공(사용일) : 2013년

아제트 타워 오른쪽으로 마치 붙어 있는 듯한 건물(지붕에 돔이 있는)이 엠팰리스, 오른쪽으로 검은빛의 건물들 가운데 가장 높이 솟은 건물이 스필베르크 타워예요.

이 건물은 체코의 브르노시에 있으며, 현재 이 나라에서 가장 높습니다. 이 건물을 초고층 건물이라고 하지만 건물 높이가 111미터에 30층이라 정확하게 말하면 초고층 건물이라고 할 수 없습니다. 보통 초고층 건물은 높이 200미터 이상이거나 층수 50층 이상을 가리킵니다. 이 건물은 2011년에 짓기 시작하여 2013년 4월에 끝났습니다.

브르노 중심가의 아제트 타워 근처에 자리 잡은 엠팰리스(M-Palace)는 1994년에 짓기 시작하여 1997년에 완성되었고, 높이 60미터에 16층과 2층 건물로 이루어져 있습니다. 주로 사무실로 사용하고 있으며, 2층 건물에는 쇼핑센터가 있습니다. 이 건물 외에도 스필베르크 타워(Spielberk Towers)가 있습니다. 두 동으로 이루어진 건물로 타워 A와 타워 B로 불립니다. 낮은 쪽이 타워 A입니다. 타워 A는 높이가 53미터, 타워 B는 높이가 85미터입니다. 2007년에 짓기 시작했지만 금융 위기로 중단되었다가 2010년에 공사가 다시 진행되었고, 먼저 타워 B가 2012년에 완공되어 사무실로 사용하고 있습니다. 그보다 늦게 완성된 타워 A는 2016년에 호텔로 문을 열었습니다. 타워 B는 아제트 타워가 세워지기 전까지 브르노에서 가장 높은 건물이었습니다.

브르노는 체코공화국의 남부 모라비아 지역에 있는 도시입니다. 스비타바(Svitava)강과 스브라트카(Svratka)강의 합류 지점에 자리 잡은 이 도시는 체코 수도 프라하에 이어 두 번째로 큽니다. 브르노는 지난날 모라비아 왕국의 수도이자 남모라비아 지역의 정치와 문화 중심지입니다. 헌법재판소, 대법원, 최고행정재판소, 최고검찰청이 있어 체코의 사법 도시이자 고등교육의 중심지이기도 합니다. 2017년 '음악의 도시'로 지정되었습니다.

건물이 완공된 지 1년이 지난 뒤의 모습이에요.

성 베드로와 바울 대성당과 스필베르크 성이 보이는 풍경: 성 베드로와 바울 대성당(Cathedral of St. Peter and Paul, 앞쪽에 우뚝 솟은 건물)은 낮 12시가 아닌 오전 11시에 종이 울려요. 전설에 따르면, '30년 전쟁(1618~1648년, 종교 전쟁)'에서 스웨덴은 브르노를 포위할 때 정오까지 도시를 점령하지 못하면 공격을 취소하겠다고 약속했어요. 전투가 한창 진행될 때 슬기로운 브르노 시민들은 약속한 날짜에 한 시간 일찍 종을 울렸지요. 이에 속아 스웨덴은 포위를 풀고 돌아갔다고 해요. 이후로 성당의 종은 11시에 울리게 되었어요. 스필베르크 성(Spilberk Castle, 산 위에 있는 건물)은 요새이자 감옥이었던 중세 건물이에요. 모두 브르노를 상징하는 이름난 곳이지요.

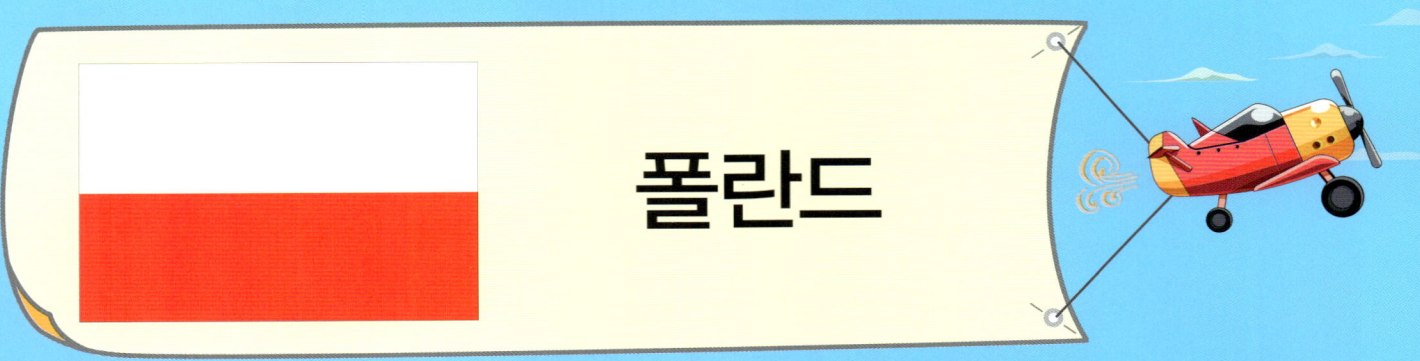

폴란드

문화 과학 궁전
Palace of Culture and Science

문화 과학 궁전

있는 곳 : **바르샤바**(Warszawa)
자격 조건 : **237m / 42층**
세계 높이 순위 : 없음
건물 쓰임새 : 복합건물
완공(사용일) : 1955년

왼쪽 사진은 문화 과학 궁전이며, 오른쪽 사진은 일곱 자매들(Seven Sisters) 중에 하나인 러시아(옛 소련) 모스크바 주립대학의 본관이에요.

문화 과학 궁전(폴란드어로 Pałac Kultury i Nauki, PKiN)은 2021년까지만 폴란드에서 가장 높은 건물입니다. 2021년 말로 예정된 바르소 타워(Varso Tower)가 완공되면 대표 자격을 잃게 됩니다. 1955년에 건설된 문화 과학 궁전에는 영화관, 극장, 도서관, 스포츠 클럽, 대학과 폴란드 과학 아카데미와 같은 다양한 공공 기관과 문화 기관이 있습니다.

옛 소련의 건축가가 일곱 자매들(Seven Sisters) 양식으로 설계했습니다. 일곱 자매들이란 1947~1953년 러시아 바로크 양식과 고딕 양식을 정교하게 결합한 스탈린 시대의 건축 양식으로 지은 모스크바의 일곱 고층 건물을 말합니다. 문화 과학 궁전은 이 양식으로 지은 건물이며 비공식적으로는 여덟 번째 자매라고도 합니다. 이 건물의 시계탑은 세계에서 두 번째로 높습니다. 이 건물은 폴란드와 옛 소련의 우정으로 옛 소련의 선물로 지어졌으며, 원래 이름은 '이오시프 스탈린의 문화 과학 궁전(Pałac Kultury i Nauki imienia Józefa Stalina)'이었지만 이후에 스탈린이란 이름은 지워졌습니다. 폴란드에서 이런저런 의견이 많은 건물이기도 합니다. 이 건물의 철거를 주장하는 사람들은 옛 소련의 스탈린 시대에 세워진 건물이라 폴란드 국민에 대한 옛 소련의 억압을 떠올리게 하므로 없애자고 합니다. 또 다른 사람들은 오랜 기간에 걸쳐 바르샤바의 상징물이었다는 이유로 철거를 반대합니다.

바르샤바는 폴란드의 수도이자 가장 큰 도시입니다. 세계 관광지이자 문화, 정치와 경제 중심지입니다. 역사적인 옛 시가지는 유네스코 세계유산으로 지정되었습니다. 우아한 건축물, 웅장하고 넓은 도로가 있는 바르샤바는 제2차 세계대전 이전에는 '북쪽의 파리'라고 불렸습니다. 제2차 세계대전 후 건물의 85퍼센트 이상이 파괴되었고, 전쟁의 폐허 위에서 다시 일으켜 세운 도시라는 뜻에서 '부활한 도시(Phoenix City)'라는 새로운 칭호(지위나 신분을 나타내는 이름)를 얻었습니다.

▲ 2021년 1월 31일 현재 건설 중인 바르소 타워: 왼쪽 건물로 바르샤바의 라틴어(Varsovia)에서 따와 바르소(Varso)라고 이름을 지었다고 해요. 높이 310미터에 53층이에요. 오른쪽 시계탑이 있는 건물은 문화 과학 궁전이지요.

▶ 지그문트 기둥과 바르샤바 왕궁: 지그문트 기둥(Kolumna Zygmunta, 영어로 Sigismund's Column)은 바르샤바 왕궁(오른쪽) 광장에 있으며 바르샤바의 유명한 상징물이에요. 1596년 폴란드의 수도를 크라쿠프에서 바르샤바로 옮긴 지그문트 3세 바사 왕을 기념하여 1644년 기둥에 세운 동상이 제2차 세계대전 중에 파괴되어 1949년 새로운 기둥에 다시 동상을 세웠지요. 부서진 원래 기둥은 여전히 왕궁 옆에 놓여 있다고 해요. 현대까지 볼 수 있는 최초의 기둥 형태 기념물이에요.

바르샤바 왕궁은 원래 왕실 거주지로, 제2차 세계대전 당시 건물이 완전히 파괴되었어요. 1971년에서 1984년까지 공사가 진행되어 원래의 17세기 모습을 되찾았지요. 1980년 왕궁과 주변 옛 시가지가 유네스코 세계유산으로 지정되었어요. 지금은 박물관으로 쓰이며 매년 50만 명이 넘는 사람들이 방문하는 바르샤바에서 아주 유명한 곳이지요.

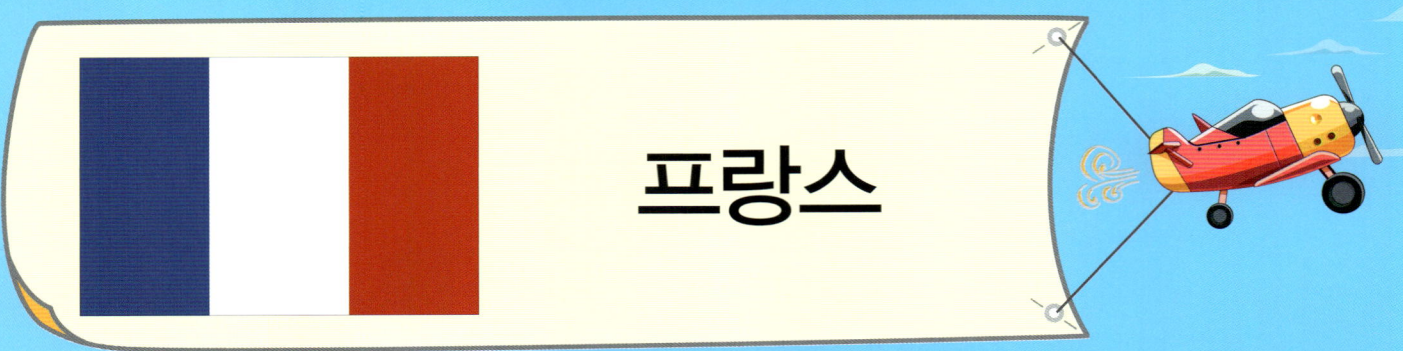

프랑스

투르 퍼스트
Tour First

투르 퍼스트

있는 곳 : 쿠르브부아(Courbevoie)
자격 조건 : 231m / 52층
세계 높이 순위 : 없음
건물 쓰임새 : 사무실
완공(사용일) : 1974년 / 재정비 2011년

라데팡스 상업 지구예요. 왼쪽 첨탑이 솟아 있는 건물이 투르 퍼스트이지요.

이 건물은 1974~1998년까지는 투르 유에이피(Tour UAP), 1998~2007년에는 투르 악사(Tour Axa)로 불렸습니다. 파리 시내에서 서쪽으로 3킬로미터 떨어진 쿠르브부아의 상업 지구인 라데팡스(La Défense)에 있습니다. 쿠르브부아의 이름은 라틴어(쿠르바 비아Curva Via)에서 유래했으며 '곡선 도로'를 뜻합니다. 파리에서 노르망디까지 연결된 로마 도로에서 쿠르브부아 언덕 길이 급하게 휘어진 것과 관련 있다고 합니다. 라데팡스는 프랑스-프로이센 전쟁 기간에 파리를 방어한 군인들을 기념하기 위한 동상(La Défense de Paris, '파리의 방어'라는 뜻)에서 이름을 따왔다고 합니다.

투르 퍼스트는 유에이피(UAP) 보험에서 1974년에 지었습니다. 당시 건물 높이는 159미터, 건물 바닥은 각도 120도로 각각의 가지가 분리된 세 개의 별 모양이었습니다. 이 별 모양은 프랑스 보험회사 세 곳이 하나의 회사로 합쳐져 유에이피(UAP)가 되었음을 상징합니다.

1996년 프랑스의 악사(Axa) 보험회사가 유에이피를 인수하면서 건물 이름도 투르 악사로 바뀌었습니다. 이후로 2007년에 건물을 다시 정비하여 2011년에 끝났습니다. 이때 건물 높이를 덧붙여 건물 모양새가 완전히 바뀌었습니다. 투르 퍼스트로 이름을 바꾼 이 건물은 지붕까지의 높이가 225미터이며, 첨탑을 포함하여 전체 높이는 231미터입니다.

에펠탑에서 바라본 파리 전경: 바로 앞에 센(Seine)강이 보이고 이에나 다리(pont d'Iena)가 놓여 있어요. 다리 건너편의 건물은 샤요 궁전(Palais de Chaillot)이지요. 1937년 파리 국제박람회를 기념하여 지었고, 지금은 해양 박물관, 인류 박물관, 프랑스 문화재 박물관과 국립 극장이 있어요. 저 멀리 쿠르브부아 남부에 높은 빌딩들이 즐비한 상업 지구인 라데팡스가 보여요.

▲ 라데팡스의 신개선문(라그랑드 아르슈)과 건물들: 도로 끝에 보이는 하얀 사각형 구조물이 라데팡스의 라그랑드 아르슈(La Grande Arche de la Défense, 라데팡스의 거대한 개선문)예요. 이 구조물은 1982년 국립 디자인 대회에서 우승한 덴마크의 건축가 요한 오토 폰 슈프레켈젠(Johan Otto von Spreckelsen)과 엔지니어 에릭 라첼(Erik Reitzel)의 작품이지요. 이들의 설계를 바탕으로 1985년부터 짓기 시작해 프랑스 혁명 200주년인 1989년에 완성되었어요. 높이가 110미터로, 카루젤 개선문(Arc de Triomphe du Carrousel), 에투알 개선문(Arc de triomphe de l'Etoile)과 함께 파리의 3대 개선문이라고 해요. 이 세 개선문은 일직선상에 놓여 있지요.

'파리의 라데팡스' 동상: 프랑스 조각가 ▲ 바리아스(Louis-Ernest Barrias)가 만든 청동상이에요. 프랑스-프로이센 전쟁 기간인 1870~71년 파리 전투에서 전사한 군인들을 기념하기 위해 1883년에 세운 동상이지요. 이 동상은 여러 차례 옮겨 지다가 마침내 2017년 라그랑드 개선문 근처에 자리 잡았어요.

중동 참가국

바레인_ **포시즌스 호텔**
사우디아라비아_ **아브라즈 알베이트**
아랍에미리트_ **부르즈 할리파**
요르단_ **암만 로타나 호텔**
이란_ **테헤란 국제 타워**
이스라엘_ **아즈리엘리 사로나 타워**
카타르_ **어스파이어 타워**
쿠웨이트_ **알함라 타워**
터키_ **스카이랜드 이스탄불**

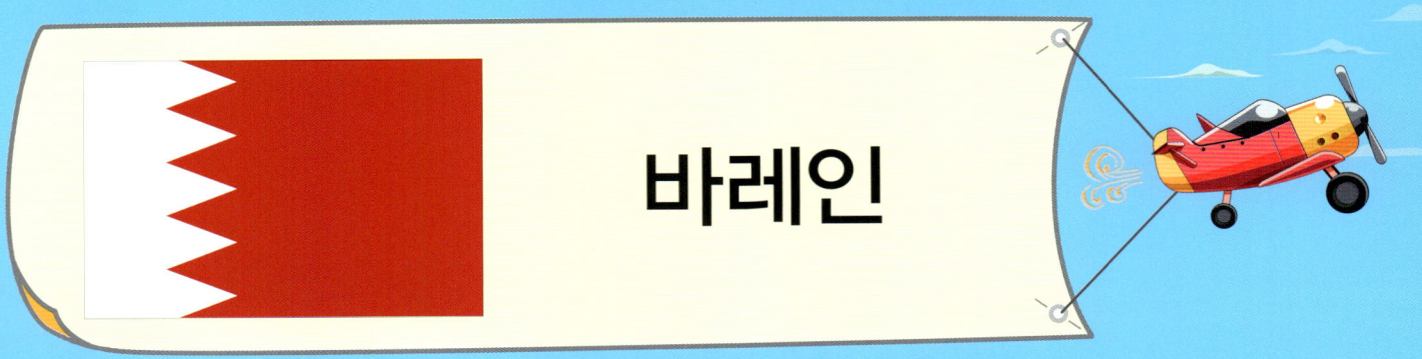

바레인

포시즌스 호텔
Four Seasons Hotel

포시즌스 호텔

있는 곳 : 마나마(Manama)
자격 조건 : 270m / 68층
세계 높이 순위 : 없음
건물 쓰임새 : 호텔
완공(사용일) : 2015년

작은 섬 전체를 차지한 'H자 모양'의 포시즌스 호텔은 다리를 놓아 마나마 시내와 연결되어 있어요.

    캐나다 온타리오주 토론토에 본사가 있는 포시즌스는 전 세계적으로 100개 이상의 호텔과 리조트를 운영하고 있습니다. 바레인의 포시즌스 호텔은 68층으로 2015년에 문을 열었습니다. 이 건물은 바레인만에 우뚝 솟은 'H자 모양'으로 273개 호텔 객실을 갖추고 있습니다. 각각의 객실에서 풍경을 감상할 수 있는 구조입니다.

    중동 지역과 아랍어를 사용하는 아랍권에서 가장 작은 나라이자 유일한 섬나라인 바레인이 1971년 영국에서 독립한 뒤 마나마는 이 나라의 수도가 되었습니다. 2020년 기준으로 서울 인구의 50분의 1인 대략 20만 명이 살고 있습니다. 바레인에서 가장 큰 도시인 마나마는 경제 중심지일 뿐만 아니라 페르시아만의 무역 중심지이기도 합니다.

    20세기 초 석유가 발견되기 전까지 마나마는 주로 어업과 진주를 채취했지만, 1932년 석유가 발견되면서부터 석유를 생산하기 시작했습니다. 그러나 석유 매장량이 다른 아랍국가보다 풍부하지 않아 다양한 경제 활동에 노력을 기울였습니다. 1986년 바레인과 사우디아라비아를 연결하는 '킹 파드 둑길(King Fahd Causeway)'이 열리면서 금융, 교통, 통신, 관광 분야가 발달하기 시작해 현재 중동의 금융 중심지가 되었습니다. 마나마라는 이름은 '휴식의 장소' 또는 '꿈의 장소'를 의미하는 아랍어에서 비롯되었다고 합니다.

▲ 바레인 세계무역센터: 오른쪽 삼각형 모양의 바레인 세계무역센터(Bahrain World Trade Center, Bahrain WTC 또는 BWTC라고도 함)는 높이 240미터, 50층으로 쌍둥이 건물이에요. 2008년에 완공된 이 건물은 세계 최초로 풍력 발전기를 갖췄지요. 두 빌딩 사이에 풍력 발전기 세 대가 설치되어 있으며, 모두 675킬로와트(kW)를 생산한다고 해요. 쌍둥이 빌딩에서 사용하는 전력의 11~15퍼센트를 풍력 발전기로 생산한 전기로 대신하지요.

▲ 쌍둥이 건물 사이에 설치된 세 대의 풍력 발전기

바레인 수도 마나마의 상징적인 건물들의 풍경: 왼쪽부터 원기둥 모양의 건물 세 동은 하버 하이츠 타워(Harbour Heights Towers)로 주거용 고층 건물이에요. 각각 54, 43, 52층 높이로 헬스클럽과 식당 그리고 아파트와 펜트하우스(고급 주거 공간)가 있지요. 직사각형의 길쭉한 건물은 바레인에서 가장 높은 포시즌스 호텔이에요. 그 옆에 외뿔고래처럼 생긴 쌍둥이 건물은 바레인 파이낸셜 하버(Bahrain Financial Harbour, BFH)로 각각 높이 260미터, 53층으로 바레인에서 두 번째로 높아요. 두 건물은 하버몰(Harbour Mall, 또는 하버Harbour) 6층 건물로 서로 연결되어 있지요. 이 쌍둥이 건물에는 증권거래소와 다양한 투자 회사가 있어요. 길 건너 뾰족한 건물은 바레인 세계무역센터예요.

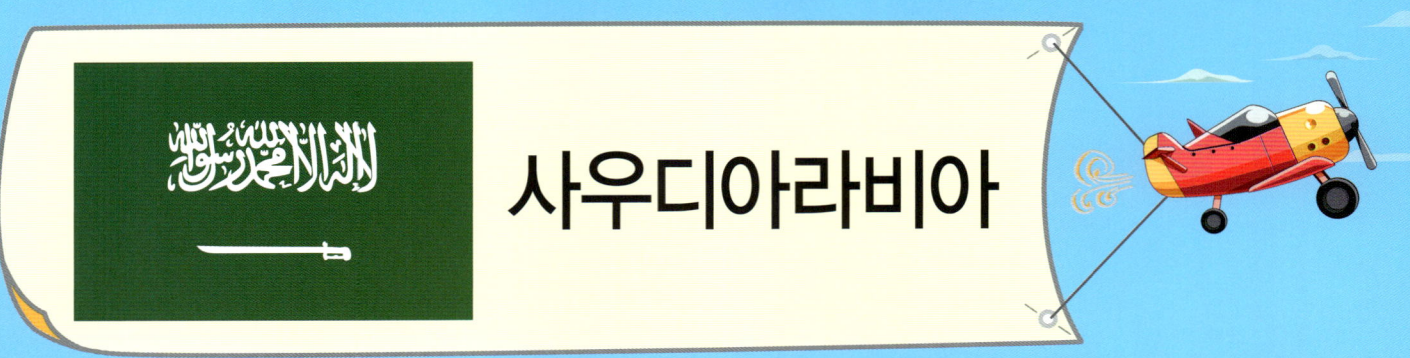

사우디아라비아

아브라즈 알베이트
Abraj Al-Bait

아브라즈 알베이트

있는 곳 : 메카(Makkah)
자격 조건 : 601m / 120층
세계 높이 순위 : 3위
건물 쓰임새 : 복합건물
완공(사용일) : 2012년

마스지드 알하람에서 바라본 '아브라즈 알베이트' 전경이에요. 아래 가운데 사각형 건물이 이슬람 최고의 성지 카바예요.

    아브라즈 알베이트는 '주거용 탑(Towers of the House)'이라는 뜻입니다. 메카에 있는 일곱 동으로 이루어진 정부 소유의 호텔과 주거용 복합건물입니다. '메카 로열 시계 타워 호텔'로 불리기도 합니다. 가운데 건물의 메카 로열 시계탑(Makkah Royal Clock Tower)은 문자판이 가로 43미터, 세로 43미터로 세계에서 가장 클 뿐만 아니라 가장 높은 시계탑입니다. 이 시계탑 맨 위 네 개 층에는 시계탑 박물관이 있습니다.
    이 건물들과 몇 미터 떨어진 곳에 세계에서 가장 큰 사원이자 이슬람에서 가장 신성한 장소로 여기는 메카의 '마스지드 알하람(Masjid al Haram)'이 있습니다. 신성한 사원, 대사원 또는 메카의 대사원으로 알려진 곳으로, 이슬람 최고의 성지인 카바(Kaaba)를 보호하고 예배를 올리기 위한 사원입니다. 세계의 모든 이슬람 교도는 최고의 성지 카바를 향해서 예배를 올리지만, 메카의 카바 방향(키블라Qiblah)을 알려 주는 미흐라브(Mihrab, 사원 벽에 여러 무늬와 색깔로 장식한 움푹 파인 공간)가 없는 유일한 사원입니다.

네 개 면의 메카 로열 시계탑은 25킬로미터 떨어진 곳에서도 보인다고 해요.

아브라즈 알베이트는 대사원이 내려다보이는 언덕 꼭대기에 자리하고 있습니다. 이곳은 18세기 오스만 아지야드 요새(Ajyad Fortress)가 있던 자리로, 2002년 사우디아라비아 정부에서 역사적으로 중요한 유적지를 파괴하자 국제적인 반발과 함께 터키가 강력하게 항의하기도 했습니다. 이곳에는 대사원을 방문하는 숭배자들을 위해 1만 명 이상을 수용할 수 있는 큰 기도실(남성용, 여성용)이 있습니다.

메카(공식 이름은 Makkah al-Mukarramah)는 사우디아라비아 메카 지방의 도시이자 행정 중심지이며 이슬람에서 가장 신성한 도시입니다. 사우디아라비아의 수도 리야드와 제다에 이어 세 번째로 인구가 많은 도시로, 이슬람 예언자 무함마드의 출생지로 유명합니다. 영어의 '메카(Mecca)'는 많은 사람이 모이는 곳을 가리키지만, 일부 이슬람 사람들은 이 표현을 아주 모욕적으로 생각한다고 합니다.

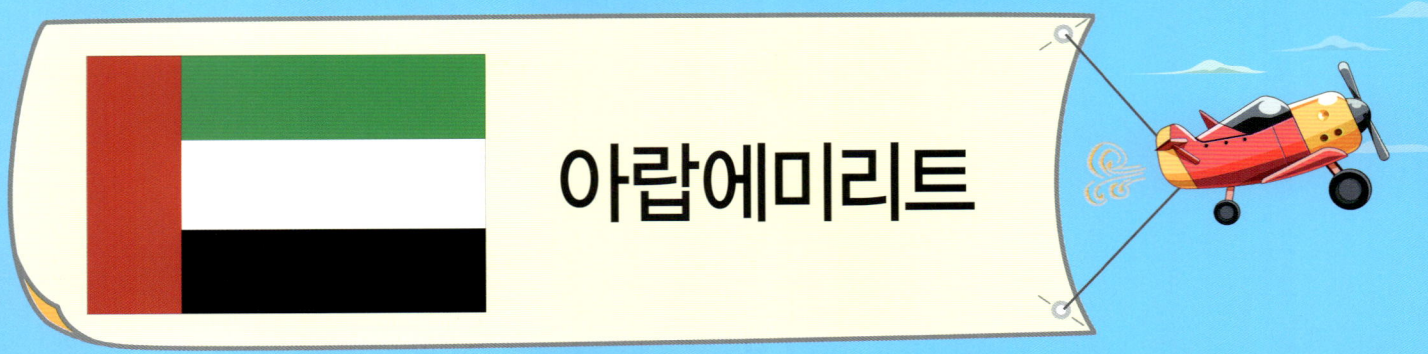

아랍에미리트

부르즈 할리파
Burj Khalifa

부르즈 할리파

있는 곳 : 두바이(Dubai)
자격 조건 : 828m / 163층
세계 높이 순위 : 1위
건물 쓰임새 : 복합건물
완공(사용일) : 2010년

세계에서 가장 높은 부르즈 할리파는 다양한 세계 최고 기록을 가진 건물이기도 해요.

석유를 토대로 한 경제에서 벗어나 여러 방면으로 세계적인 인지도를 얻고자 아랍에미리트의 두바이에서 계획한 건물입니다. 우리나라 삼성물산이 참여했습니다. 건물의 원래 이름은 부르즈 두바이(Burj Dubai, '두바이의 탑')였으나 아랍에미리트 대통령인 할리파 빈 자이드 알나흐얀(Khalifa bin Zayed Al Nahyan)을 기리기 위해 이름을 바꾸었습니다. 주거지 3만 가구, 호텔 9동, 3만 제곱미터의 공원 따위를 포함하는 것으로 설계되었습니다.

이 건물은 이슬람 건축에 뿌리를 두고 있으며, 바닥은 Y자 모양의 삼중 구조입니다. 이 건물은 여러 기록을 세웠습니다. 그중에 주거 공간을 포함하는 건물로 세계에서 가장 높고, 세계에서 가장 높은 나이트클럽(144층)과 레스토랑 442미터(122층), 세계에서 가장 높은 곳에서 새해 불꽃놀이를 펼친 기록입니다. 전체 12만 제곱미터 면적에 24,348장의 유리창을 청소하려면 36명이 3~4개월 걸린다고 합니다.

1971년에 세워진 연합국가 아랍에미리트에서 에미리트란 '토후국'이라는 뜻으로 부족의 우두머리나 실력자가 다스리는 나라를 가리킵니다. 두바이는 아랍에미리트에서 가장 인구가 많습니다. 따라서 여객과 화물이 드나드는 세계 운송의 중심지이자 서아시아의 상업 중심지입니다. 석유를 개발하여 빠른 속도로 발전했으며, 20세기 초부터 무역, 관광, 항공, 부동산과 금융 산업에 힘쓴 결과 그 비중이 점점 높아지고 있습니다.

두바이 분수(The Dubai Fountain): 부르즈 할리파 정면에 있는 분수예요. 6,600개의 조명과 50개의 프로젝터에서 뿜어내는 빛과 함께 길이 270미터, 높이 150미터로 물을 공중으로 쏘아 올리지요. 이때 고전에서 현대까지 다양한 아랍 음악을 비롯한 여러 음악에 맞춰 마치 춤을 추는 듯한, 세계에서 가장 큰 음악 분수예요.

두바이 마리나의 도시 풍경: 두바이 마리나(Dubai Marina)는 길이 3킬로미터로 페르시아만 해안선을 따라 건설된 인공 운하 도시예요. 가운데에서 왼쪽 뒤로 건물 꼭대기가 햇불처럼 보이는 건물은 마리나 101로, 높이 425m, 101층이며 아랍에미리트에서 두 번째(세계 31위)로 높아요. 제일 앞쪽 가운데에 지붕이 돔 형태로 꼭대기에 안테나가 있는 건물은 프린세스 타워(Princess Tower)로 세 번째(세계 35위)로 높은 건물이며 높이 414m, 101층인 주거용이지요. 왼쪽 뒤편 안테나가 높이 솟은 건물은 23 마리나(23 Marina, 세계 41위)예요.

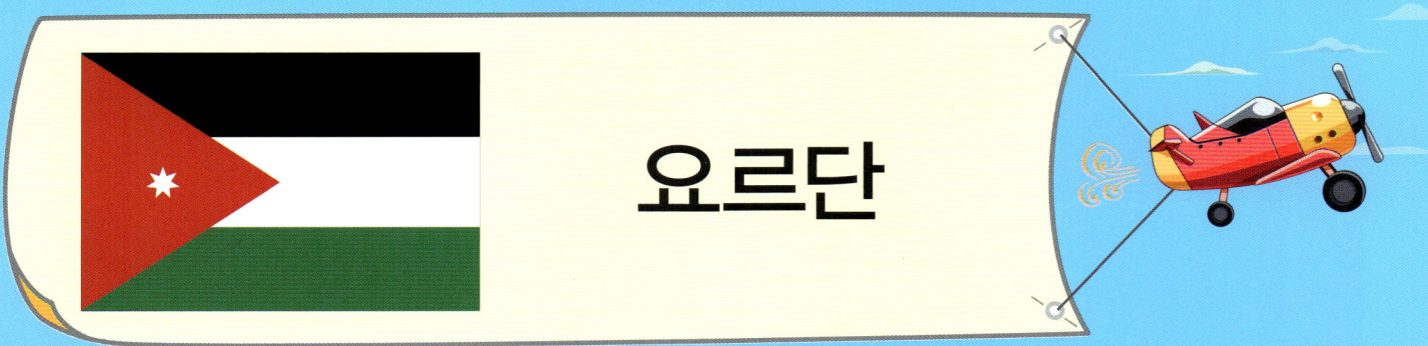

요르단

암만 로타나 호텔
Amman Rotana Hotel

암만 로타나 호텔

있는 곳 : 암만(Amman)
자격 조건 : 188m / 50층
세계 높이 순위 : 없음
건물 쓰임새 : 호텔
완공(사용일) : 2016년

도시 재개발 계획에 따라 이루어진 암만의 풍경이에요. 오른쪽 원통 모양의 휘어진 건물이 암만 로타나 호텔, 바로 왼쪽 건물은 더블유 암만(W Amman)으로 높이 150미터의 오성급 호텔이지요. 이 호텔 맨 위 여섯 층은 주거 공간으로 사용하고 있어요.

요르단 정부는 오래전부터 수도 암만을 상업과 주거 중심지로 만들기 위해 도시 재개발 계획을 마련해 왔습니다. 이 계획에 따라 2005년부터 알압달리(Al-Abdali)의 토지 38만 4000제곱미터에 호텔, 아파트, 사무실, 상업과 종합 연예산업으로 이루어진 뉴 압달리(New Abdali) 지구 개발이 시작되었습니다. 이곳에 자리 잡은 암만 로타나 호텔은 1992년에 설립된 로타나 호텔 매니지먼트 회사(Rotana Hotel Management Corporation)에서 운영하고 있습니다. 이 회사의 본사는 아랍에미리트에 있으며 중동과 아프리카에서 사업을 펼치고 있습니다.

암만은 요르단의 경제, 정치와 문화 중심지이며, 아랍 세계에서 여섯 번째로 큰 도시입니다. 동부 암만은 유적지가 많이 남아 있어 관광지로 유명하며, 서부 암만은 현대적인 시설을 갖춰 도시의 경제 중심지 역할을 합니다. 암만은 비교적 빠르게 성장하고 있으며 국제 도시로 인정받고 있습니다.

암만(Amman)이라는 이름은 고대 암몬 사람들의 이름에서 비롯되었다고 합니다. 암몬 사람들을 랍바트 암만(Rabbat ʾAmmān)이라 했는데 랍바트(Rabbat)는 '수도' 또는 '왕의 숙소'를 뜻합니다. 시간이 흐르면서 랍바트는 사용하지 않고 암만이라고 부르게 되었습니다.

킹 후세인 암센터(King Hussein Cancer Center, KHCC): 암만에 있는 의료 시설이에요. 킹 후세인 암 재단(King Hussein Cancer Foundation, KHCF)은 암센터를 지원하고 유지하기 위해 다양한 모금 활동을 벌이고 있어요. 암센터와 재단은 유명 인사들의 자원봉사로 이루어진 이사회가 운영하고 있으며 기다 탈랄(Ghida Talal) 공주가 이사장을 맡고 있지요. 요르단에는 1980년대 중반 이전까지 암 환자를 치료하는 전문병원이 없었다고 해요. 이에 따라 1997년 암 전문병원인 '희망의 중심'을 의미하는 알아말 센터(Al-Amal Center)가 문을 열었어요. 암으로 세상을 떠난 후세인 왕을 기리기 위해 2002년 이름을 킹 후세인 암센터로 바꾸었지요.

많은 사람이 찾는 암만의 요새 헤라클레스(Hercules) 신전과 시내 풍경이에요.

이란

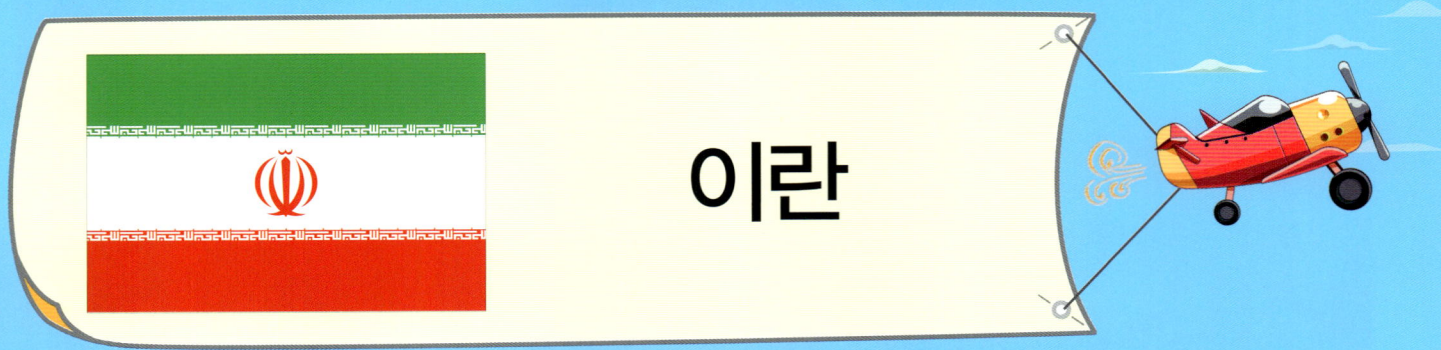

테헤란 국제 타워

Tehran International Tower

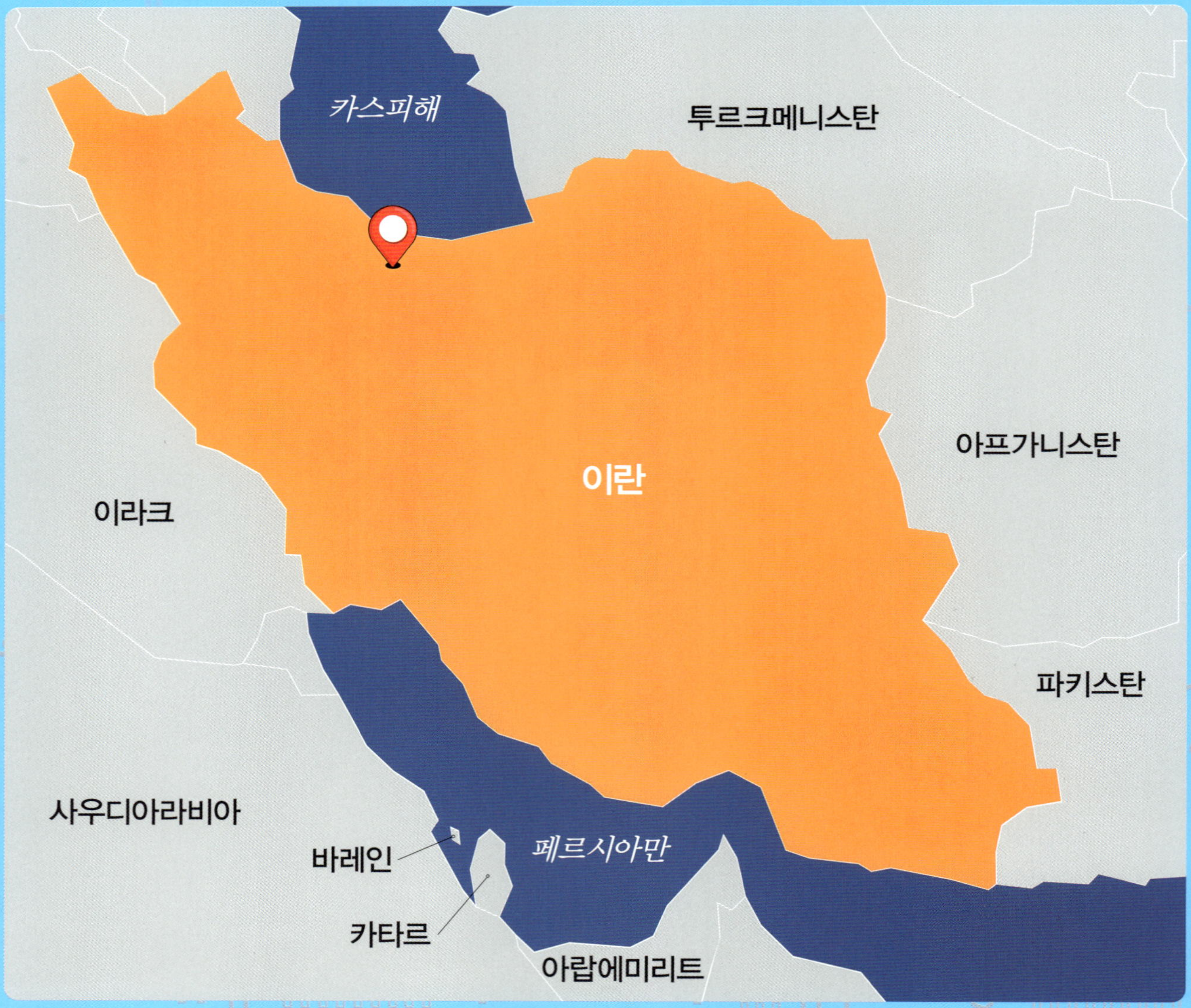

테헤란 국제 타워

있는 곳 : 테헤란(Teheran)
자격 조건 : 162m / 56층
세계 높이 순위 : 없음
건물 쓰임새 : 주거용
완공(사용일) : 2007년

테헤란 국제 타워를 중심으로 동서남북을 연결하는 두 개의 고속도로가 있어요.

　테헤란 국제 타워는 이란에서 가장 높은 주거용 건물이며 마천루의 자격을 갖춘 유일한 건물입니다. 이 건물은 세 방향으로 날개를 뻗은 삼각대의 형태로 A는 북쪽 날개, B는 동쪽 날개 그리고 서쪽 날개는 C입니다. 세 방향에서 바라다보는 풍경이 각각 다릅니다. 테헤란에서 비싼 주거용 건물에 속하며, 쿠르디스탄(Kordestan, 테헤란의 남북을 연결하는 고속도로)과 레살랏(Resalat, 테헤란의 동서를 연결하는 고속도로) 가까이 있어 교통이 매우 뛰어납니다.

　테헤란은 이란의 정치, 경제, 문화의 중심지로 이란 산업이 절반 넘게 집중되어 있습니다. 테헤란시의 공식 웹사이트에 따르면, 도시 이름은 '끝 또는 바닥'을 의미하는 페르시아어 'Tah'와 '경사'를 의미하는 'Ran'에서 비롯되었습니다. 테헤란의 지리적 위치가 엘부르즈(Alborz)산맥의 경사면 아래에 있다는 점에서 도시 이름의 기원에 대한 가장 그럴듯한 설명으로 보입니다.

밀라드 타워(Milad Tower)가 있는 테헤란의 밤 풍경: 테헤란 타워로도 알려져 있어요. 높이 435미터로 이란에서 제일 높은 구조물이며 세계에서 여섯 번째로 높은 통신탑이지요.

밀라드 타워와 엘부르즈산을 배경으로 한 토히드 터널(Tohid Tunnel, 또는 Towheed): 이 터널은 중동에서 세 번째로 긴 도시 터널이에요. 터널 길이와 진입로를 합해 길이가 약 3킬로미터인 지하 구조물이지요.

이스라엘

아즈리엘리 사로나 타워
Azrieli Sarona Tower

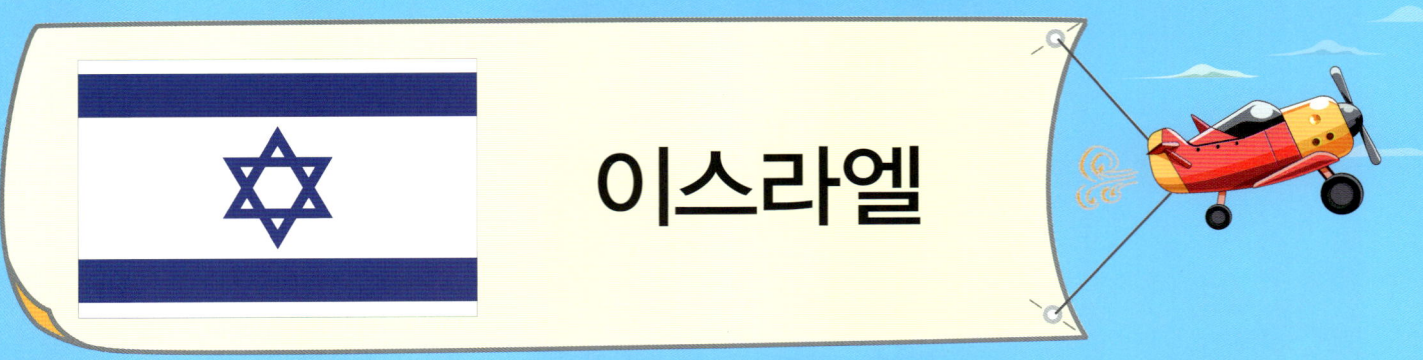

아즈리엘리 사로나 타워

있는 곳 : 텔아비브(Tel Aviv)
자격 조건 : 238.5m / 61층
세계 높이 순위 : 없음
건물 쓰임새 : 복합건물
완공(사용일) : 2017년

아즈리엘리 사로나 타워 왼쪽으로 보이는 건물은 키리야 타워(Kirya Tower, 하요벨 타워HaYovel Tower라고도 함)로 높이 158미터, 42층이며 이스라엘에서 스무 번째로 높아요. 텔아비브 곳곳에 있는 정부 기관을 통합하여 사용하는 건물이지요. 오른쪽으로 나란히 쌍을 이루는 건물은 알론 타워(Alon Tower 1, 2)예요.

뒤틀린 듯한 형태가 인상적인 이 건물은 이스라엘 부동산 개발회사인 아즈리엘리 기업(Azrieli Group)에서 지었습니다. 사무실과 비즈니스호텔이 자리 잡고 있습니다. 33~37층은 비즈니스호텔로, 사무실 층과 분리되어 있으며 사용하는 엘리베이터도 다릅니다. 식당과, 만나서 이야기를 나눌 수 있는 장소가 따로 마련되어 있습니다.

지중해 연안에 자리 잡은 텔아비브는 1909년 처음 유대인 도시로 출발하여 이스라엘 최대 도시로 성장했습니다. 이스라엘의 경제와 기술, 문화와 관광 중심지입니다. 텔아비브는 일인당 경제 규모가 중동에서 세 번째 또는 네 번째를 자랑합니다.

중동의 '파티 수도'라 불릴 만큼 이스라엘에서 가장 젊고 활발한 도시입니다. 또한 세계에서 가장 많은 채식주의자가 사는 도시로, 도시 곳곳에 채식주의자 식당이 많아 세계의 채식주의자 음식 수도라고도 합니다.

▶ 모셰 아비브 타워(Moshe Aviv Tower): 높이 235미터, 68층 건물이며 이스라엘에서 두 번째로 높아요. 건물 이름은 이 건물이 완공되기 전에 사망한 건설회사 소유주인 모셰 아비브의 이름에서 따왔어요. 사무실과 아파트로 이루어진 복합건물입니다. 이 건물은 텔아비브 북동쪽 텔아비브 지구의 라마트간(Ramat Gan)에 자리 잡고 있어요. 이곳은 세계의 주요 다이아몬드 거래소이며 첨단 기술산업의 중심지이지요.

▼ 지중해 연안에 펼쳐진 텔아비브 도시 풍경

카타르

어스파이어 타워
Aspire Tower

어스파이어 타워

있는 곳 : 도하(Doha)
자격 조건 : 300m / 50층
세계 높이 순위 : 없음
건물 쓰임새 : 호텔
완공(사용일) : 2007년

어스파이어 타워와 할리파 국제경기장(Khalifa International Stadium, 오른쪽)은 2006년 아시안게임의 상징물이에요. 2022년 카타르 FIFA 월드컵 경기장이기도 해요.

이름은 '열망 타워'라는 뜻으로, '토치 도하(Torch Doha, 성화 빌딩)'로도 알려졌습니다. 도하에서 열린 2006년 아시안게임 보름 동안 성화가 타올랐던 원통형 건물이기 때문입니다. 특급 호텔과 스포츠 박물관, 360도 회전하는 식당과 전망대 등이 운영되고 있습니다. 이 건물은 현재 카타르에서 가장 높지만, 높이 437미터에 90층의 두바이 타워-도하(Dubai Towers-Doha, 2030년 완공 예정)가 완공되면 카타르의 대표 자격을 잃게 됩니다.

도하는 카타르가 영국 보호령에서 독립한 1971년에 공식 수도가 되었습니다. 따라서 정치와 경제 중심지이며 인구가 가장 많습니다. 페르시아만의 연안에 자리 잡고 있으며 카타르에서 가장 빠르게 성장하고 있는 도시입니다. 카타르 인구의 80퍼센트 이상이 도하 또는 그 주변 지역에 거주하고 있습니다.

'도하'는 '둥근'을 의미하는 아랍어 도하트(dohat)에서 비롯되었는데 이 지역의 해안선을 둘러싸고 있는 둥근 만에 빗대었다고 합니다.

도하의 밤 풍경: 노란색으로 빛나는 왼쪽 건물은 압둘라 빈 자이드 알마흐무드 이슬람 문화센터(Abdulla Bin Zaid Al Mahmoud Islamic Cultural Center, 줄인 이름은 빈 자이드Bin Zaid)예요. 빈 자이드는 카타르 사법 체계를 처음 세운 유명한 카타르 이슬람 학자의 이름에서 따왔지요. 이곳에서는 사회, 종교와 교육 활동으로 종교 연구서를 출판하고 아랍어와 이슬람교 수업을 해요. 도서관도 있으며 인기 있는 관광지로 무슬림이 아닌 사람도 드나들 수 있지요.

인공섬 펄 카타르: 면적이 약 4제곱킬로미터(105미터×68미터 축구장 약 560개의 크기)에 이르는 섬으로, 외국인도 자유롭게 소유할 수 있는 카타르 최초의 땅이지요. 도하의 도시 개발 지역에서 약 350미터 떨어진 곳에 있어요. 이곳은 카타르의 주요 수출 상품이었던 진주를 캐던 곳이라 이름에 펄(Pearl)을 붙였다고 해요. 펄 카타르는 12개 구역으로 나뉘며 각 구역마다 건축 양식이 독특하지요.

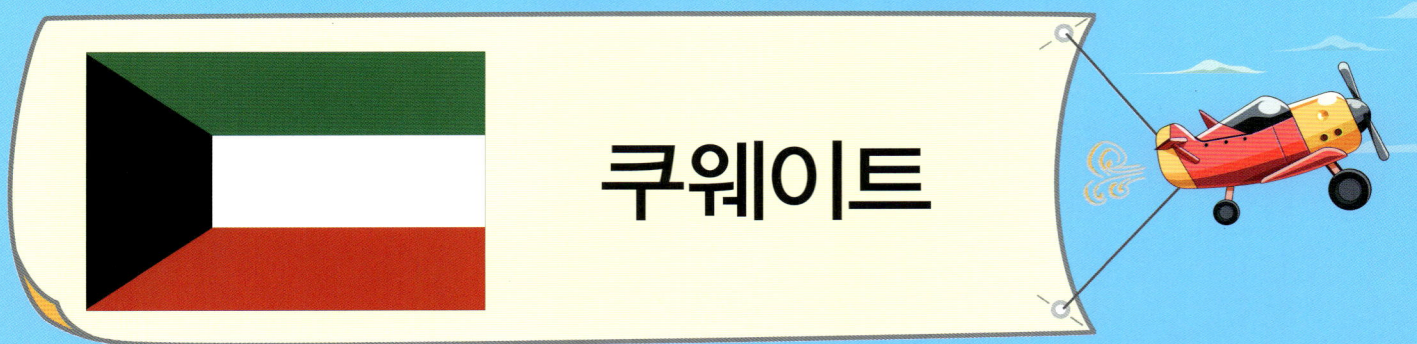

쿠웨이트

알함라 타워
Al Hamra Tower

이라크
이란
쿠웨이트
페르시아만
사우디아라비아

알함라 타워

- 있는 곳 : 쿠웨이트시티(Kuwait City)
- 자격 조건 : 414m / 83층
- 세계 높이 순위 : 36위
- 건물 쓰임새 : 복합건물
- 완공(사용일) : 2011년

쿠웨이트시티에는 알함라 타워를 비롯해 수많은 고층 건물이 들어섰어요. 알함라 타워 왼쪽에 마치 고래처럼 생긴 건물은 엔비케이 타워(NBK Tower)예요. 높이 300미터, 61층이며 쿠웨이트에서 두 번째로 높은 건물이지요.

이 건물은 2005년에 짓기 시작해서 2011년에 완공되었습니다. 아름다운 이 건물을 '세계에서 가장 높이 조각된 콘크리트 마천루'라고 표현하기도 합니다. 로비는 24미터 높이에 기둥이 없어 미국의 시사 주간지 〈타임(TIME)〉에서 2011년 최고의 창작품 목록으로 선정했다고 합니다.

쿠웨이트시티(이름은 '물가에 지은 요새'라는 뜻)는 쿠웨이트의 수도이자 최대 도시입니다. 쿠웨이트만 남쪽 해안에 있어 항구가 발달하여 중요한 무역항이기도 합니다. 쿠웨이트 인구의 90퍼센트가 쿠웨이트만 연안에 살고 있습니다.

쿠웨이트는 대부분 지역이 낮으며 가장 높은 곳이 해발 306미터(우리나라 남산은 해발 262미터, 북한산이 835미터)로 정치, 문화와 경제 중심지입니다.

예전에 쿠웨이트시티에는 어부들이 많이 살았습니다. 18세기에 이르러 눈부시게 발전한 쿠웨이트는 인도, 무스카트, 바그다드, 아라비아를 오가며 상품을 운송하는 주요 상업 중심지가 되었습니다. 또한 페르시아만 지역에서 선박을 만드는 중심지로, 18세기 후반에서 19세기까지 쿠웨이트에서 만든 선박이 인도, 동아프리카와 홍해 항구 무역의 대부분을 맡았습니다. 1946년부터 1982년에 걸쳐 쿠웨이트는 석유를 생산하면서 경제적으로 풍요로움을 누리며 발전했습니다. 이 기간을 '황금 시대'라고 합니다.

알함라 타워가 가운데 솟아 있고 쿠웨이트 타워(앞쪽)가 있는 밤풍경: 쿠웨이트 타워는 세 개의 탑으로 이뤄졌는데 첫 번째 탑은 높이 187미터로 음식점과 물을 공급하는 시설이 있으며, 높이 123미터에 빙빙 도는 원형 전망대가 있어요. 두 번째 탑은 높이 145.8미터로 물을 공급하는 탑이고, 세 번째 탑은 전력 공급을 조절해요.

셰이크 자베르 알아마드 문화센터(Sheikh Jaber Al-Ahmad Cultural Center, JACC): 쿠웨이트의 문화센터로 보통 쿠웨이트 오페라하우스(Kuwait Opera House)라고 불려요. 중동에서 가장 큰 문화센터라고 하지요.

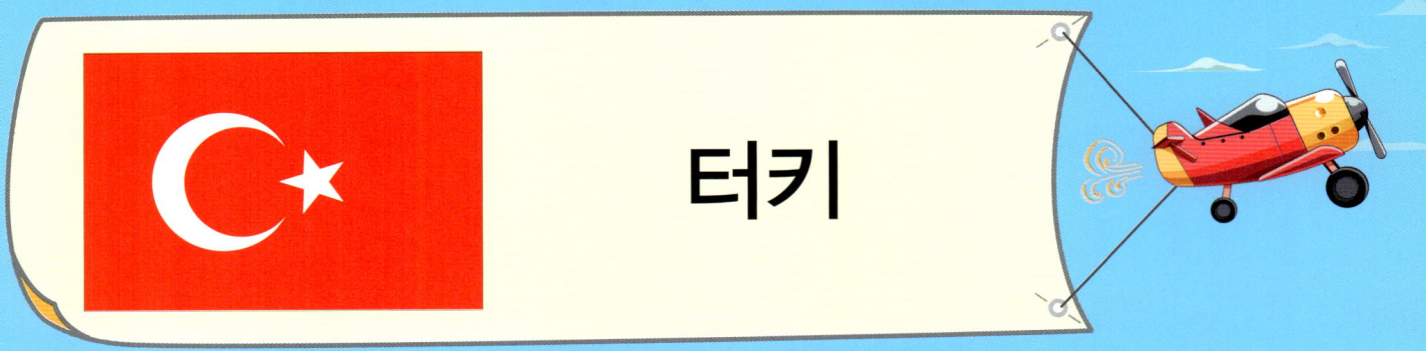

터키

스카이랜드 이스탄불
Skyland Istanbul

스카이랜드 이스탄불

있는 곳 : 이스탄불(Istanbul)
자격 조건 : 284m / 65층
세계 높이 순위 : 없음
건물 쓰임새 : 복합건물
완공(사용일) : 2017년

모두 세 동으로 이루어진
스카이랜드 이스탄불이에요.

스카이랜드 이스탄불은 모두 세 동으로 이루어진 건물입니다. 양쪽에 높이가 같은 마천루가 각각 있어 스카이랜드 이스탄불 1과 2로 구분하기도 합니다. 그 가운데 높이가 180미터인 낮은 건물이 있습니다. 양쪽의 스카이랜드 이스탄불 1은 사무실로 사용하고, 이스탄불 2는 주거용입니다. 낮은 건물은 호텔로 사용합니다.

이스탄불은 터키(터키의 수도는 앙카라)에서 가장 큰 도시이자 터키 경제, 문화와 역사 그리고 교육 중심지입니다. 이스탄불은 보스포루스(Bosphorus) 해협을 사이에 두고 유럽과 아시아에 걸쳐 있으며 터키 인구의 약 19퍼센트를 차지하는 1500만 명이 넘는 사람들이 살고 있습니다. 또한 유럽에서 가장 인구가 많은 도시이자 세계에서 열다섯 번째로 큰 도시입니다.

이스탄불은 오랫동안 로마 황제의 이름을 따서 '콘스탄티노플(콘스탄티누스의 도시)'이라고 불렸습니다. 이스탄불이란 중세 그리스어로 '도시를 향해(to the city)'라는 뜻입니다. 그 부근에서 유일한 도시임을 나타내는 이름입니다. 1453년 오스만 제국이 이곳을 점령하면서 제국의 수도로 삼았고, 이름을 이스탄불로 바꿨습니다. 이후 이스탄불은 외적의 침입을 받지 않아 수많은 유적들이 여전히 예스러운 모습을 간직하고 있습니다.

아야 소피아 사원과 술탄 아흐메드 사원의 저녁 풍경: 왼쪽 아야 소피아(Hagia Sophia) 사원은 537년에 지었으며 원래 기독교 교회였어요. 아야 소피아는 '거룩한 지혜(Holy Wisdom)'라는 뜻으로, 1453년 오스만 제국이 차지한 뒤로 이슬람 사원으로 바뀌면서 첨탑을 세웠지요. 이후 1935년부터 박물관이었다가 2020년에 다시 사원으로 사용하고 있어요.

오른쪽 술탄 아흐메드 사원(Sultan Ahmed Mosque, 또는 푸른 사원 Blue Mosque)은 페르시아와의 1603~1618년 전쟁에서 참패한 술탄 아메드 1세가 오스만 제국의 힘을 재확인하기 위해 지은 사원이에요. 백합, 튤립, 장미 따위의 문양을 그린 파란색 타일로 사원의 내부 벽을 장식했지요. 밤에는 다섯 개의 주요 돔과 여섯 개의 첨탑 그리고 여덟 개의 보조 돔을 둘러싼 조명으로 사원이 파란색으로 물들어요. '이스탄불의 역사적 지역'이라는 평가에 따라 1985년 유네스코 세계유산에 등록되었지요.

갈라타 타워(Galata Tower): '그리스도의 탑'이라 불리며 1348년에 지은 이 탑은 당시 이스탄불에서 가장 높은 건물로 높이 67미터에 9층 탑이에요. 오스만 시대에는 화재를 감시하는 전망대로 사용되었고, 1960년대 마지막 복원 과정에서 탑의 목조 내부를 콘크리트 구조물로 바꾸었어요. 이곳에 이스탄불과 보스포루스 해협의 풍경을 바라볼 수 있는 식당과 카페를 꾸며 인기 많은 장소가 되었지요.

아시아 참가국

대한민국_ **롯데 월드 타워**
조선민주주의인민공화국_ **류경 호텔**
말레이시아_ **페트로나스 타워**
베트남_ **랜드마크 81**
스리랑카_ **알테어**
싱가포르_ **구코 타워**
일본_ **아베노바시 터미널 빌딩**
중국_ **상하이 타워**
대만(타이완)_ **타이베이 101**
캄보디아_ **바타낙 캐피탈 타워**
태국(타이)_ **아이콘시암**
홍콩_ **국제상업센터**

대한민국

롯데 월드 타워
Lotte World Tower

동해

대한민국

서해

일본

롯데 월드 타워

있는 곳 : 서울
자격 조건 : 555.7m / 123층
세계 높이 순위 : 5위
건물 쓰임새 : 복합건물
완공(사용일) : 2017년

롯데 월드 타워는 붓 모양을 따왔고, 건물 외벽과 색은 한국 전통 도자기에서 영감을 얻었다고 해요. 쇼핑센터, 사무실, 호텔을 비롯해 롯데그룹 본사와 계열사가 있어요.

    서울 송파구에 세워진 건물로, 13년간의 계획과 준비 끝에 2009년에 공사가 시작되었으며 2017년 4월 3일 공식적으로 문을 열었습니다. 리히터 규모 9 이하의 지진과 최대 풍속 80m/s(m/s는 1초 동안 1미터를 이동하는 속력. 초속이라고 함)의 바람을 견디도록 설계되었다고 합니다. 서울의 상징물이자 우리나라 최초의 100층 건물입니다. 건물 외벽과 색은 한국 전통 도자기에서 영감을 얻어서 표현한 것이라 합니다. 총 123층 가운데 전망대는 117층에 있으며, 완공 당시 세계에서 가장 높은 유리 바닥 전망대였습니다.

    서울은 14세기 말 조선의 건국과 더불어 수도로 건설(1394년)된 이후 600여 년이 흐른 지금에 이르기까지 오랜 세월 우리나라의 수도입니다. 정식 이름은 한성부(한성)였으며, 한양, 경도 등으로 불리다가 일제 강점기에는 경성부(경성)로 이름이 바뀌기도 했습니다. 광복 후 1945년 지금의 '서울'로 이름이 바뀌었고, 1948년 정부 수립과 함께 다시 수도가 되었습니다. 서울이란 신라의 수도 경주를 '서라벌' 또는 '서벌'이라고 부른 데서 비롯된 순우리말입니다.

창덕궁의 가을이 있어 아름다운 서울: 1405년(태종 5년) 경복궁의 동쪽에 세자궁으로 지은 창덕궁은 이웃한 창경궁(처음에는 태종의 거처인 수강궁)은 서로 독립적인 궁궐이지만, 이 두 궁궐을 형제 궁궐이라 하여 '동궐'로 불렸어요. 1592년(선조 25년) 임진왜란으로 모든 궁궐이 불에 타 광해군 때에 재건된 창덕궁은 1867년 경복궁이 중건(고쳐 지음)되기 전까지 조선의 법궁(法宮, 임금이 사는 궁궐) 역할을 했어요. 또한 조선의 궁궐 중 가장 오랫동안 임금들이 거처했던 궁궐이지요. 사진은 부채꼴 모양의 관람정(볼 관觀, 닻줄 람纜, 정자 정亭)이에요.

해운대 LCT 더샵(Haeundae LCT The Sharp): 부산 해운대 일부 지역을 국제적인 관광 휴양도시로 건설하려는 계획에 따라 2013년 10월 28일에 짓기 시작하여 2019년 11월 30일에 완공되었어요. 411.6미터, 101층의 랜드마크 타워(주로 호텔로 사용)와 주거용 타워 A(Residential Tower A, 339.1미터)와 주거용 타워 B(333.1미터)로 이루어졌지요. 랜드마크 타워는 롯데 월드 타워에 이어 우리나라에서 두 번째로 높고 세계에서 37위 고층 건물이에요.

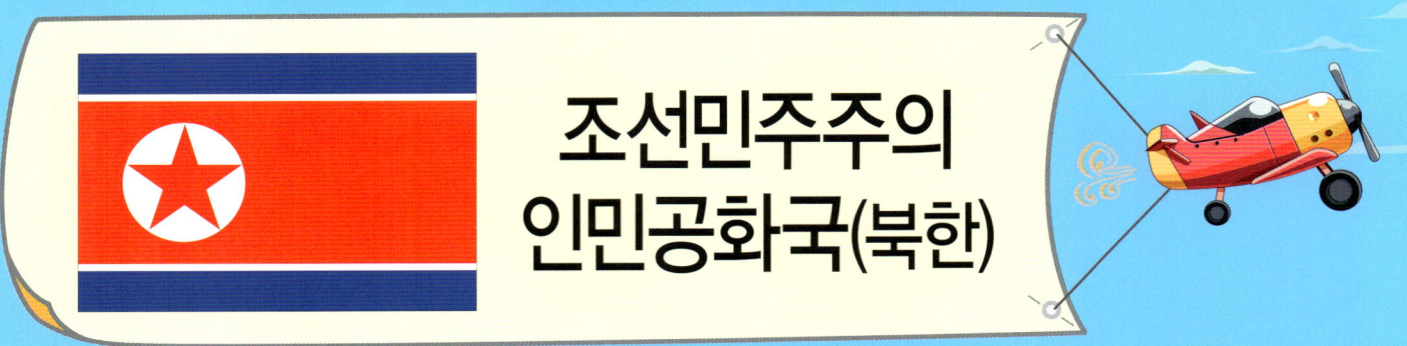

류경 호텔
Ryugyong Hotel

류경 호텔

있는 곳 : 평양
자격 조건 : 330m / 105층
세계 높이 순위 : 없음
건물 쓰임새 : 복합건물
완공(사용일) : 2019년(?)

류경 호텔은 피라미드 모양 또는 미사일 모양을 닮았다고 하지요.

   평양직할시 보통강 구역에 있는 미완성 105층 피라미드 모양의 마천루입니다. 건물 층수를 나타내는 '105 빌딩'으로도 알려졌습니다. 호텔을 포함하여 여러 용도로 사용하는 건물로 계획되었습니다. 이 건물은 현재 세계에서 비어 있는 가장 높은 건물로 기네스북 기록에 올라 있다고 합니다.

   1987년에 공사를 시작했으나 여러 어려움으로 공사가 중단되었다가 2008년에 이집트 통신회사 오라스콤의 투자로 다시 공사가 진행되었습니다. 하지만 2011년 오라스콤의 투자가 중단되었고, 현재 이 건물을 사용하고 있는지에 대해서는 정확하게 알려진 것이 없습니다. '류경'은 '버드나무의 도시'라는 뜻으로 평양을 가리킵니다.

려명거리 살림집(Ryomyong Condominium): 여섯 동의 건물이 있는 이곳은 북한에서 사람이 사는 건물 가운데 가장 높아요. 여섯 동 중에 가장 높은 건물은 270미터, 82층이지요. 2017년 4월 13일에 완공되었어요.

평양 대동강 밤 풍경: 오른쪽에 솟아 있는 탑은 '주체탑'이에요. 대동강은 한반도에서 다섯 번째로 긴 강이지요. '여러 물줄기가 모여 흐르는 강'이라는 뜻이라고 해요.

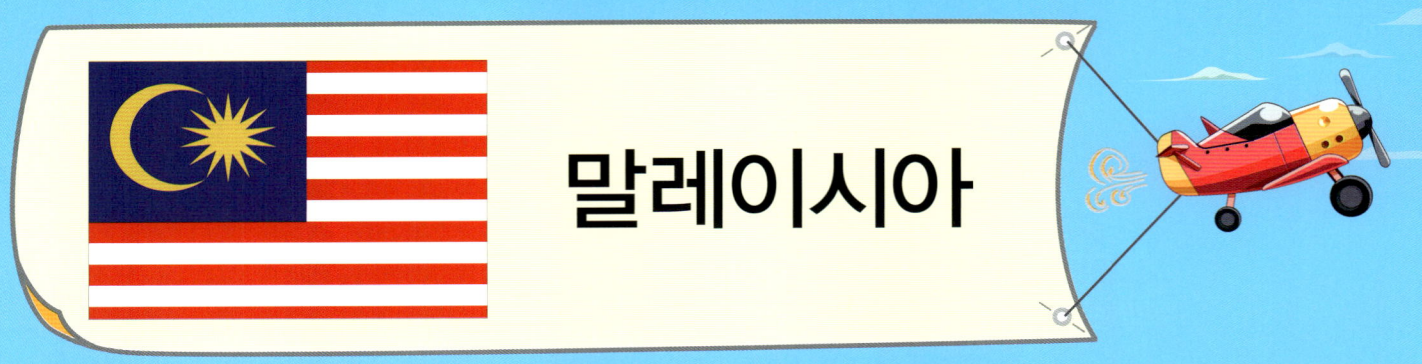

말레이시아

페트로나스 타워
Petronas towers

페트로나스 타워

있는 곳 : 쿠알라룸푸르(Kuala Lumpur)
자격 조건 : 451.9m / 88층
세계 높이 순위 : 18위
건물 쓰임새 : 사무실 위주의 복합건물
완공(사용일) : 1998년

페트로나스 타워 오른쪽 직사각형으로 높이 솟은 건물은 포시즌스 플레이스 쿠알라룸푸르(Four Seasons Place Kuala Lumpur)이에요. 호텔, 아파트와 쇼핑센터가 있는 복합건물이지요. 현재 세계에서 가장 높은 쌍둥이 건물로 342.5미터, 65층이에요.

    페트로나스 트윈 타워라고도 하는데 주로 '쿠알라룸푸르 쌍둥이 빌딩'이라고 부릅니다. 페트로나스는 석유와 가스 회사로 정식 이름 '**Petro**liam **Nasi**onal Berhad'에서 글자를 따와 붙인 이름이며 말레이시아 정부에서 소유하고 있습니다. 이 회사는 말레이시아의 전체 석유·가스 자원을 보유하고 있다고 합니다.

    88층 쌍둥이 건물을 6년 안에 완성하려는 목표를 이루기 위해 두 회사에 맡겨 공사를 진행했습니다. 우리나라 삼성물산이 동쪽 건물(오른쪽)을 맡아서 진행한 것으로 유명합니다. 다른 한 건물은 일본 기업이 맡았습니다. 세계에서 높은 건물 순위로는 18위이지만 쌍둥이 빌딩으로는 세계에서 가장 높습니다.

    쿠알라룸푸르의 공식 이름은 쿠알라룸푸르 연방 직할지구(Federal Territory of Kuala Lumpur)이며 말레이시아의 수도이자 가장 큰 도시입니다. 정부의 행정 수도는 푸트라자야(Putrajaya)로, 말레이시아의 초대 총리 이름(Tunku Abdul Rahman Putra Al-Haj)을 딴 계획 도시입니다. 산스크리트어로 '푸트라'는 아들을 의미하고 '자야'는 '성공' 또는 '승리'를 의미한다고 합니다.

    말레이시아의 문화, 금융 경제 중심지인 쿠알라룸푸르는 말레이어로 '흙탕물이 합류하는 곳'을 의미합니다. 쿠알라는 두 줄기 강이 합쳐지는 지점 또는 하구라는 뜻이며 룸푸르는 '진흙'을 뜻합니다. 이름의 유래에 대해서는 여러 주장이 있습니다.

쿠알라룸푸르 기차역(Kuala Lumpur Railway Station): 1910년에 오래된 역을 허물고 다시 지은 역으로 동양과 서양 건축 양식이 어우러진 건물로 유명해요.

푸트라 사원(Putra Mosque): 말레이시아 행정 수도인 푸트라자야에 있는 사원이에요. 이 사원은 1997년에 짓기 시작하여 2년 후에 완성되었지요. 왼쪽 초록색 지붕의 건물은 총리가 업무를 보며 생활하는 곳이에요.

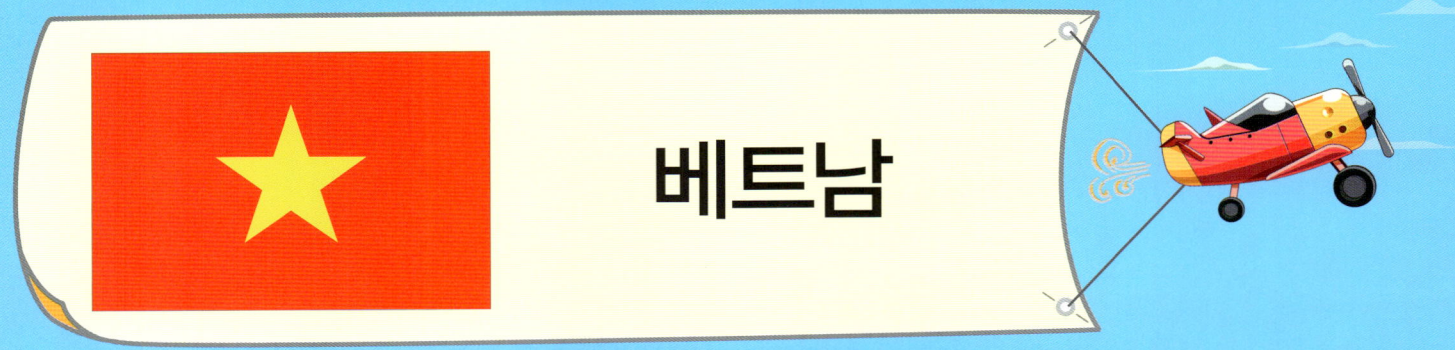

베트남

랜드마크 81
Landmark 81

랜드마크 81

있는 곳 : 호치민시(Ho Chi Minh City)
자격 조건 : 461.2m / 81층
세계 높이 순위 : 16위
건물 쓰임새 : 복합건물
완공(사용일) : 2018년

저 뒤 왼쪽에 마치 검지손가락을 뻗은 듯한 모양으로 우뚝 솟은 건물은 비텍스코 파이낸셜 타워예요.

이 건물의 개발자(소유주)는 베트남 최대 부동산 개발업체인 빈홈(Vinhomes)입니다. 베트남 전역의 40개 도시에서 부동산을 개발하고 베트남에서 16,000헥타르(ha, 1헥타르=1만 제곱미터이며, 서울 면적의 약 4분의 1에 해당하는 면적)의 토지를 소유하고 있는 것으로 알려졌습니다.

랜드마크 81은 호치민시의 역사적 중심지 바로 북쪽과 사이공 다리의 바로 남쪽에 있는 빈탄(Binh Thanh) 지구의 사이공강(Saigon River) 서쪽 기슭에 자리하고 있습니다. 베트남 남부를 흐르는 사이공강은 캄보디아 남동부의 품다웅(Phum Daung) 근처에서 시작되며 길이는 약 225킬로미터입니다. 호치민시 물류의 주요 통로이자 주요 상수원으로 매우 중요한 강입니다.

랜드마크 81은 빈홈 센트럴파크(Vinhomes Central Park)라고 불리는 도시 개발 지역의 중심에 있습니다. 건물은 2018년에 사용하기 시작했고, 전망대는 2019년에 문을 열었습니다.

베트남 남부에 자리한 호치민시는 수도인 하노이보다 큰 도시입니다. 사이공강에 접한 이 도시는 17세기에 베트남 사람들이 정착하기 전에는 푸난, 참파, 크메르 제국의 일부였고 인구도 거의 없었습니다. 중국 국경에 살던 베트남인이 이곳으로 내려와 1623~1698년까지 도시를 건설하기 시작했습니다. 1975년 북베트남의 승리로 베트남전쟁이 끝날 때까지 남베트남의 수도였습니다. 이곳 이름은 원래 사이공이었으나 1976년에 통일 베트남 정부는 호치민으로 이름을 바꾸었습니다. 1941년부터 베트남 독립운동을 주도하여 1945년 베트남 민주공화국(북베트남)을 세웠고, 1945~1955년 북베트남 총리와 1955년부터 1969년 사망할 때까지 대통령을 지낸 호치민을 기리기 위해서입니다.

비텍스코 파이낸셜 타워(Bitexco Financial Tower): 높이 262.5미터, 68층으로 호치민시에서 두 번째로 높고 베트남에서 네 번째로 높은 건물이에요. 건축가는 베트남 국화인 연꽃에서 영감을 받아 이 마천루를 설계했다고 하지요. 2010년에 완공되었고, 2015년 웹사이트 스릴리스트(Thrillist.com)는 이 건물을 세계에서 가장 멋진 마천루 2위로 선정했어요. 타워 52층에 헬기 착륙장이 있어 건물 외관이 독특하지요. 헬기 착륙장은 건물에서 22미터 밖으로 내어 마치 연꽃이 활짝 피어난 모습으로 최대 3톤의 헬리콥터가 이용할 수 있다고 해요.

시청 앞의 호치민 동상: 공식적인 시청 이름은 호치민시 인민위원회본부(Ho Chi Minh City People's Committee Head Office)라고 해요. 이 건물은 1902~1908년에 프랑스 식민지 시대에 지어졌지요. 건물 내부는 일반인에게 공개되지는 않지만 건물을 배경 삼아 사진 찍는 장소로 유명해요. 많은 관광객이 건물의 밤 풍경을 담으려고도 하지요.

스리랑카

알테어
Altair (Building)

알테어

있는 곳 : 콜롬보(Colombo)
자격 조건 : 240m / 68층
세계 높이 순위 : 없음
건물 쓰임새 : 복합건물
완공(사용일) : 2019년

알테어 오른쪽으로 보이는 건물은 콜롬보시티 센터(Colombo City Center)로 상가, 호텔 그리고 주거용 아파트인 47층 복합건물이에요. 높이 183미터로 스리랑카에서 아홉 번째로 높아요.

알테어는 콜롬보 중심에 있는 주거와 상업 시설이 자리한 건물입니다. 68층 수직 건물과 63층 경사 건물로 이루어졌습니다. 두 건물은 마치 서로 의지하며 서 있는 것처럼 보입니다. 베이라 호수(Beira Lake) 근처에 있어 건물에서 호수와 탁 트인 인도양의 경치를 즐길 수 있습니다. 베이라 호수는 포르투갈, 네덜란드, 영국 식민지 시대에 다양하게 사용되었습니다. 지금도 도시와 교외에서 물품을 쉽게 운송할 수 있는 복잡한 운하로 연결되어 있습니다. 예전에는 이 호수를 '콜롬보 호수' 또는 그냥 '호수'라고 불렀지만, 1927년 호수 건설에 참여한 기술자의 이름에서 따왔다든가 포르투갈어로 '호수의 가장자리(Beira)'를 의미하는 단어에서 비롯되었다는 것 외에 여러 주장이 있습니다. 이 호수는 포르투갈인들이 콜롬보를 방어하기 위해 만들었다고 합니다. 콜롬보는 지진이 거의 일어나지 않지만 이 건물은 리히터 규모 최대 7의 지진을 견딜 수 있도록 설계되었습니다.

1972년 콜롬보는 스리랑카의 수도에서 경제 수도로 바뀌었고, 상업과 금융 중심지이자 관광지입니다. 스리랑카 서쪽 해안에 자리 잡고 있으며, 스리랑카의 행정 수도인 코테(Sri Jayawardenepura Kotte)와 가까이 있습니다. 경제 중심지인 콜롬보는 식민지 시대의 건물과 기념물이 어우러진 활기찬 도시입니다. 또한 큰 항구와 동서 바다 무역로를 따라 전략적 위치에 있어 2,000년 전 고대 무역 상인에게 널리 알려졌던 곳이기도 합니다.

인도양에 접한 콜롬보의 풍광: 가운데 왼쪽으로 베이라 호수가 보여요. 그 앞에 콜롬보시티 센터와 뒤로 알테어가 있지요. 오른쪽 녹색 기둥에 불꽃이 있는 듯한 탑은 로터스 타워(Lotus Tower)예요. '연꽃 탑'이라는 뜻으로, 350미터의 구조물로 스리랑카에서 가장 높아요. 연꽃 모양의 이 탑은 통신, 관측 그리고 여가를 즐기는 시설로 사용하지요.

비하라마하데비 공원(Viharamahadevi Park)의 불상과 시청(Town Hall of Colombo): 영국 식민지 시기에 지은 이 공원은 콜롬보에서 가장 오래되고 가장 커요. 공원은 원래 영국 빅토리아 여왕의 이름을 따서 '빅토리아 공원'이라고 불렀지만 1958년 7월 18일, 강력한 통치자 두투가무누(Dutugamunu, 기원전 161~ 기원전 137년까지 통치) 왕의 어머니 이름으로 바뀌었어요. 이와 함께 빅토리아 여왕 동상이 있던 자리에 불상을 세웠지요. 콜롬보에서 유일한 공공 공원이며 콜롬보 시청에서 관리해요. 뒤의 시청 건물은 1928년에 지어졌어요.

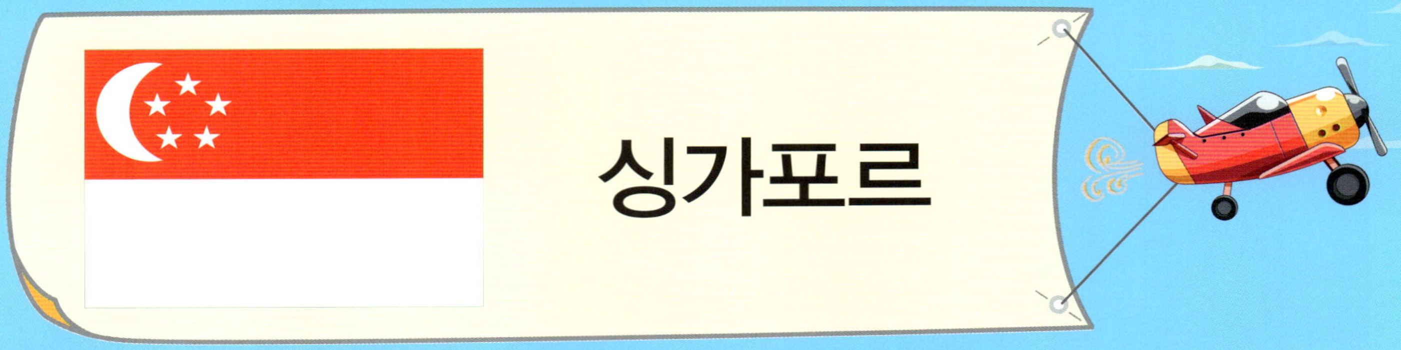

싱가포르

구코 타워
Guoco Tower

구코 타워

있는 곳 : 싱가포르(Singapore)
자격 조건 : 283.7m / 65층
세계 높이 순위 : 없음
건물 쓰임새 : 복합건물
완공(사용일) : 2016년

구코 타워(오른쪽)는 UOB 플라자, 원 래플스 플레이스, 리퍼블릭 플라자를 제치고 싱가포르에서 가장 높은 건물이에요.

　정부의 도시 재개발에 따른 도시 계획 구역으로 싱가포르의 중심 업무 지구이자 역사 지구인 탄종 파가르(Tanjong Pagar)에 있는 사무실 중심인 복합건물입니다. 탄종 파가르 센터로도 알려졌습니다. 구코는 이 건물에 본사가 있는 부동산 회사 구코랜드(GuocoLand)의 이름에서 따왔습니다. 높이가 283.7미터인 이 건물은 싱가포르에서 높이 280미터 제한을 넘긴 유일한 건물이자 가장 높습니다.

　20년 넘게 싱가포르에서 가장 높은 건물이었던 280미터의 UOB 플라자(UOB Plaza), 원 래플스 플레이스(One Raffles Place), 리퍼블릭 플라자(Republic Plaza) 세 건물은 그 지위를 구코 타워에 물려주었습니다. 구코 타워에는 도시공원과 아파트, 호텔이 있습니다. 건물 활용에서 세계 건축상을 받기도 했습니다.

　싱가포르는 63개의 섬으로 이루어진 섬나라이자 항구 도시로, 말레이시아 고유 이름인 'Singapura'를 영어로 번역한 이름입니다. 이름의 뜻 '사자 도시'는 산스크리트어(Siṃhapura, siṃha는 사자, pura는 도시 또는 요새를 의미)에서 비롯되었다고 합니다. 공원이 많고 거리에 나무들이 늘어서 있어 '정원 도시'라는 별명도 있습니다.

　싱가포르 항구는 세계에서 매우 붐비는 항구 중 하나이며, 정유 시설과 금융 산업은 세계에서 각각 3, 4위를 차지합니다. 싱가포르는 꾸준하게 간척 사업을 벌여 현재 면적은 서울보다 넓습니다.

고층 건물이 있는 풍경: 오른쪽 앞쪽이 UOB 플라자, 바로 왼쪽 원 래플스 플레이스, 그 뒤로 황토색 건물이 리퍼블릭 플라자 예요. 왼쪽 앞의 곤충 눈처럼 생긴 건물은 2002년에 지은 에스플러네이드 극장(Esplanade Theatres)으로 온갖 공연이 열려요. 바다 쪽으로 하얀 꽃처럼 보이는 곳은 예술 과학 박물관, 뒤로 나란히 서 있는 세 건물은 마리나 베이 샌즈 호텔(Marina Bay Sands)이에요.

주얼 창이 공항(Jewel Changi Airport): 주얼(Jewel) 또는 주얼 창이(Jewel Changi)라고도 하며, 2019년 4월 17일에 문을 열었어요. 싱가포르 창이 공항과 연결되어 있는 쇼핑센터, 종합 문화 공간이지요. 세 곳의 여객 터미널과 연결되어 있고 건물 안에 세계에서 가장 높은 40미터 실내 폭포인 레인 보텍스(Rain Vortex)가 있어요. 아시아 태평양 지역의 주요 항공 중심지라는 창이 공항의 지위를 지키기 위해 쇼핑과 도시공원을 결합하는 것으로 계획되었지요. 이곳에는 고지대 열대 우림에 서식하는 120종 3,000그루의 나무와 60,000그루의 관목이 있어요.

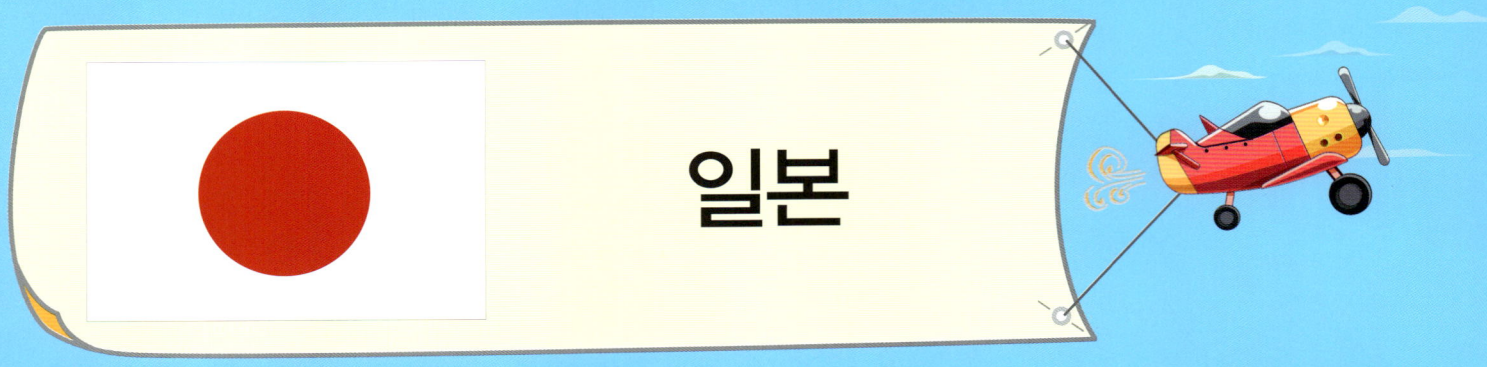

일본

아베노바시 터미널 빌딩
Abenobashi Terminal Building

아베노바시 터미널 빌딩

있는 곳 : **오사카**(Osaka)
자격 조건 : 300m / 62층
세계 높이 순위 : 없음
건물 쓰임새 : 복합건물
완공(사용일) : 2014년

아베노바시 터미널 빌딩 꼭대기 층에서 오사카의 탁 트인 전망을 감상할 수 있어요.

　이 건물은 오사카의 아베노바시(阿部野橋) 역에 있는 다목적 상업 시설이 자리한 복합건물로 일본에서 가장 높습니다. 일본에서 가장 큰 백화점과 호텔 그리고 사무실, 식당 따위가 이곳에 자리 잡고 있습니다. 건물은 아베노 하루카스, 신관, 동관으로 구성되어 있으며 제일 높은 쪽이 아베노 하루카스입니다. 아베노 하루카스(Abeno Harukas)는 '밝게 하다' 또는 '맑게 하다'라는 뜻이라고 합니다.

　오사카는 전통적으로 일본의 경제 중심지이자 문화 중심지로 알려져 있습니다. 도쿄, 요코하마에 이어 일본에서 세 번째로 인구가 많습니다. 이곳에는 오사카 증권거래소와 다국적 전자 기업 파나소닉(Panasonic)과 샤프(Sharp)의 본사가 자리 잡고 있습니다. 오사카는 '큰 언덕' 또는 '큰 경사'를 의미합니다.

▲ 도쿄 스카이트리(Tokyo Skytree): 2012년에 완공된 전파탑으로 전망대가 있어요. 전체 높이는 634미터로 세계에서 가장 높은 구조물로, 텔레비전과 라디오 방송을 전달해요. 매일 파란빛과 보랏빛 조명이 번갈아 밝히지요. 이 탑의 높이는 634미터로 6(무mu), 3(사sa), 4(시shi)는 이 탑이 있는 지역의 옛 이름인 '무사시(Musashi)'를 나타내요.

▲ 도쿄 타워(Tokyo Tower): 332.9미터로 일본에서 두 번째로 높은 구조물이에요. 1958년 에펠탑을 본뜬 이 탑은 도쿄 스카이트리를 짓기 전까지 가장 높은 전파탑이었어요. 지금은 전망대에서 도쿄 시내 풍경을 즐기는 관광 명소이지요.

오사카성(大阪城): 일본에서 가장 유명한 상징물이며 16세기 일본 통일에 중요한 역할을 했어요.

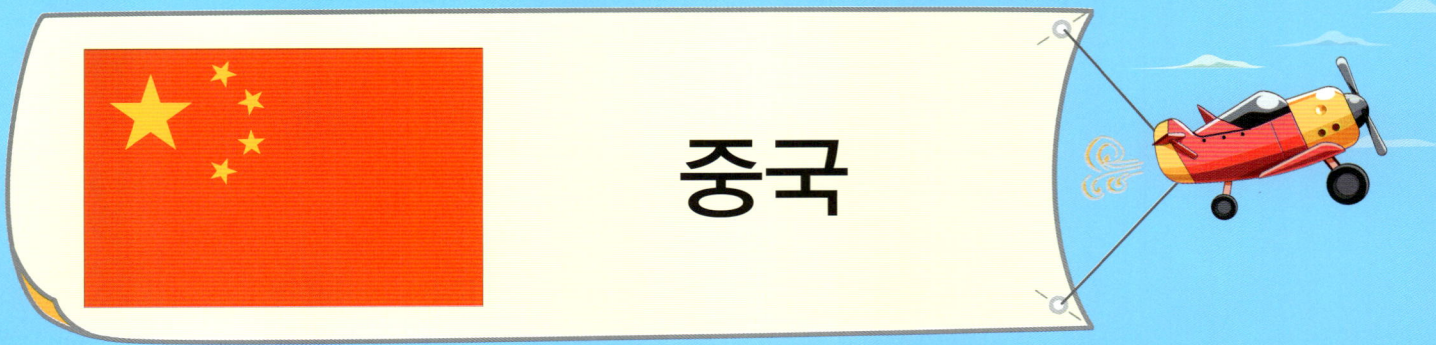

중국

상하이 타워
Shanghai Tower

상하이 타워

있는 곳 : 상하이(Shanghai)
자격 조건 : 632m / 128층
세계 높이 순위 : 2위
건물 쓰임새 : 복합건물
완공(사용일) : 2015년

상하이 타워 바로 왼쪽의 진마오 타워(Jin Mao Tower)는 421미터 88층 건물로 사무실과 쇼핑센터, 호텔이 있는 복합건물이에요. 중국에서 열여섯 번째, 세계에서 서른세 번째 높은 건물이지요. 그 뒤로 보이는 병따개처럼 생긴 건물은 상하이 세계금융센터예요. 상하이 타워 그리고 진마오 타워, 상하이 세계금융센터는 세계 최초로 인접한 세 동의 초고층 건물이라는 기록을 세웠어요.

비틀림 건물로는 세계에서 제일 높은 상하이 타워는 세계에서 두 번째로 높은 건물입니다. 에너지 효율을 높여 중국 철도의 아버지라 일컫는 공학자의 이름을 딴 '잔티엔요(Zhan Tianyou, 첨천우 詹天佑) 토목공학상'을 받았습니다. 상하이 타워는 현대 도시에서 고층 건물의 역할을 새롭게 보여 줄 뿐만 아니라 미래 세대를 위한 건물이라 할 수 있습니다. 바람의 영향을 거의 받지 않게 원통형의 아홉 영역을 수직으로 비틀어 세워 128층을 이루고 있습니다. 84~110층에 자리 잡은 객실 258개의 호텔은 세계에서 가장 높은 호텔이라 할 수 있습니다.

상하이는 중국에서 가장 인구가 많은 도시이자 세계에서 가장 인구가 많은 도시입니다. 동아시아에서 유일하게 국내 총생산(GDP) 지수가 수도 베이징보다 높습니다. 상하이는 금융, 상업과 경제, 연구, 교육, 과학, 기술, 제조, 관광, 문화의 중심지입니다. 뿐만 아니라 운송의 세계적 중심지로, 상하이항은 세계에서 가장 붐비는 컨테이너 선박 항구입니다.

원래 어촌이자 시장 도시였던 상하이는 유리한 항구 위치로 19세기에 들어서면서 국내외 무역에서 중요한 항구로 등장했습니다. 도시 이름은 '바다 위(上海)'를 뜻합니다. 이 이름은 11세기에 나타났는데, 중국 역사가들은 당시 상하이 지역이 해수면 아래에 있어 문자 그대로 '바다 위'로 보였다고 해석하고 있습니다.

▶ 상하이 세계금융센터(Shanghai World Financial Center): 병따개 모양의 이 건물은 사무실, 호텔, 회의실, 전망대, 쇼핑센터로 이루어진 초고층 복합건물이에요. 492미터 100층 건물로 중국에서 여섯 번째, 세계에서 열한 번째로 높아요.

▼ 상하이 푸동(Pudong) 지역의 밤 풍경: 가운데 뾰족하게 솟은 탑은 동방 명주탑(Oriental Pearl Tower)으로 텔레비전 송신 시설이에요. 정식 이름은 '동방 명주 TV탑'이지요. 467.9미터로 1994년 10월에 완공되었어요.

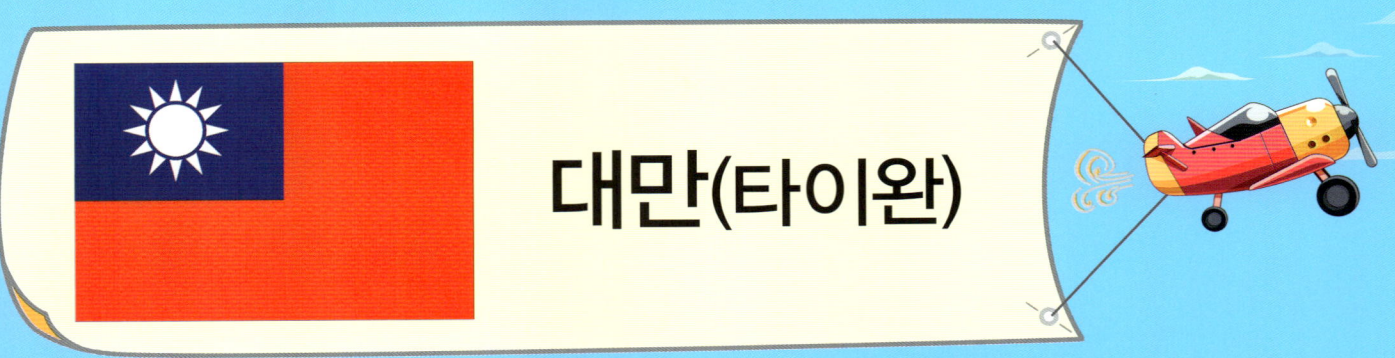

대만(타이완)

타이베이 101
Taipei 101

타이베이 101

있는 곳 : 타이베이(Taipei)
자격 조건 : 508m / 101층
세계 높이 순위 : 10위
건물 쓰임새 : 복합건물
완공(사용일) : 2004년

타이베이 101의 오른쪽 건물 타이베이 난산 플라자(Taipei Nan Shan Plaza)는 타이베이에서 두 번째로 높은 건물이자 대만에서 세 번째로 높아요. 건물 높이는 272미터, 48층으로 타이베이 101 등 주변 건물들과 지하 통로 또는 보행자 다리로 연결되어 있지요.

현재 세계에서 열 번째로 높고, 세계 최초로 높이 500미터를 넘어선 건물입니다. 타이베이 101은 현대적인 구조와 전통적인 아시아 미학을 결합한 건축 양식이라고 합니다. 89층에 설치한 지름 5.5미터, 무게 660톤의 강철 공은 지진이나 바람으로 흔들림(진동)이 발생하면 추처럼 흔들리면서 건물의 흔들림을 줄이는 역할을 합니다. 이런 설계로 지진이 잦은 타이베이에 초고층 건물을 세울 수 있었다고 합니다.

이 건물은 특히 환경을 고려하여 지었습니다. 그 가운데 하나는 정화 시설을 갖춰 건물에서 사용하는 물의 20~30퍼센트를 재활용한다고 합니다. 이런 까닭으로 '세계에서 가장 높은 녹색 건물'로 인정받았다고 합니다. 매일 저녁 6시부터 10시까지 건물 조명은 월요일은 빨강, 수요일은 노랑, 금요일은 파랑 따위로 요일마다 정해진 색깔로 바뀝니다.

타이베이는 대만(臺灣, 타이완)의 수도이며 세계에서 마흔 번째로 인구가 많은 도시로 국민의 약 3분의 1이 이 도시에서 살고 있습니다. 대만의 정치, 경제, 교육과 문화 중심지이자 국제적 도시입니다. 타이베이는 '대만 북부'를 뜻합니다.

가오슝 항구(Kaohsiung Harbor)의 풍경: 항구 오른쪽에 높이 솟은 85 스카이 타워(85 Sky Tower)는 높이 347.5미터, 85층 건물로 1994년에 짓기 시작해 1997년에 완공되었어요. 건물 가운데 부분 아래를 빈 공간으로 남겨 둔 디자인이 독특한 건물이지요. 이 디자인은 도시 이름 가오슝시(高雄市)에서 첫 번째 한자인 '高(높을 고)'를 표현했다고 해요. 지금은 사라진 툰텍스 기업(Tuntex Group)이 소유했고, 주로 사무실이지만 주거 공간과 백화점, 호텔도 있어요.

총통부(Presidential Office Building): 대만의 일제 강점기인 1919년 3월 31일에 완공되어 대만 총독 관저로 사용되었어요. 제2차 세계대전 중에 연합국의 폭격으로 심하게 손상된 이 건물은 1948년 말에 수리했는데 원래 건물과 약간 다르다고 하지요. 당시 장개석(蔣介石, 장제스) 주석의 예순 번째 생일에 맞춰 츠쇼우 홀(Chieh Shou Hall, 'Chieh Shou'는 '장개석 만세'라는 뜻)이라고 이름이 바뀌었어요. 중화민국 중앙정부가 중국 본토에서 대만으로 후퇴하면서 1950년부터 총통 집무실로 사용되다가 2006년 '총통부'라 고쳤지요. 영어로 대통령 청사라는 뜻이에요.

캄보디아

바타낙 캐피탈 타워
Vattanac Capital Tower

바타낙 캐피탈 타워

있는 곳 : 프놈펜(Phnom Penh)
자격 조건 : 187.3m / 39층
세계 높이 순위 : 없음
건물 쓰임새 : 복합건물
완공(사용일) : 2014년

메콩강이 보이는 도시 풍경: 메콩강(Mekong river)의 '메콩'은 '강의 어머니'라는 뜻이에요. 세계에서 열두 번째로 긴 강이며 아시아에서는 여섯 번째로 긴 강이지요. 길이는 약 4,909킬로미터이며 티베트고원에서 중국, 미얀마, 라오스, 태국, 캄보디아, 베트남을 가로질러 남중국해로 흘러들지요. 바타낙 캐피탈 타워 오른쪽 건물은 카나디아 은행(Canadia bank), 왼쪽 높은 건물은 익스체인지 스퀘어(Exchange Square)이에요.

이 건물은 바타낙 뱅크(Vattanac Bank) 계열 회사에서 소유하고 있으며 바타낙 뱅크 본사가 있습니다. 2009년에 공사가 시작되어 대부분 건물은 2014년에 문을 연 반면, 호텔은 2018년에 문을 열었습니다. 당시 캄보디아에서 제일 높은 건물이었지만, 2021년 완공 예정으로 되어 있는 235미터, 58층의 피크 샹그릴라(The Peak Shangri-la)를 비롯해 다섯 동의 건물이 지어지면 여섯 번째 높은 건물이 됩니다. 건물 형태는 용 모양에서 따왔다고 합니다.

프놈펜은 캄보디아의 수도이자 가장 인구가 많은 도시입니다. 프놈펜('펜의 언덕'이라는 뜻)은 현재의 왓 프놈(Wat Phnom, '언덕 사원') 또는 1~6세기 동남아시아의 고대 왕국인 푸난 왕국에서 이름을 따왔습니다. 전설에 따르면 1372년 펜(Penh) 부인이 강을 따라 흘러온 코키(koki) 나무 안에서 청동 불상 네 좌(불상을 세는 단위)와 비슈누(Vishnu, 힌두교의 주요 신 중에 하나)의 석상을 발견합니다. 펜 부인은 집 북동쪽에 있는 언덕을 높인 뒤 코키 나무를 사용하여 사원을 지은 뒤 불상들을 모시고, 그보다 약간 낮게 사원을 지어 비슈누 석상을 모셨습니다. 이것이 지금의 왓 프놈입니다. 프놈펜의 이전 공식 이름은 크메르어로 아주 긴데 이것을 풀이하면 '대왕국의 신 인드라의 난공불락이자 최고의 지도자인 크메르 왕국의 행복과 성공을 가져다주는 네 개의 강이 있는 곳'이라고 합니다.

▲ 1866년에 지은 캄보디아 왕궁 뒤로 바타낙 캐피탈 타워를 비롯한 도시의 건물들이 보여요.

▶ 독립 기념탑(Independence Monument): 1958년 프랑스에서의 독립을 기념하기 위해 세운 탑이에요. 탑의 전체적인 모양은 연꽃 형태로, 캄보디아의 유명한 앙코르 사원의 중앙탑을 본떠 지었다고 해요. 높이는 37미터이지요. 독립 기념탑 뒤로 보이는 황금색 지붕 아래에는 이 탑의 건설을 지시한 노로돔 시아누크(Norodom Sihanouk) 국왕 동상이 있어요.

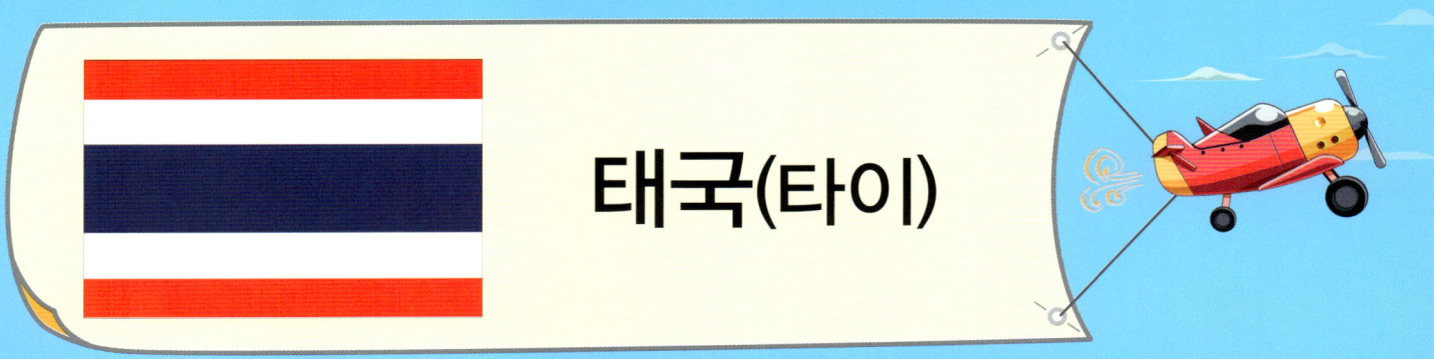

태국(타이)

아이콘시암
Iconsiam

아이콘시암

있는 곳 : 방콕(Bangkok)

자격 조건 : 317m / 76층

세계 높이 순위 : 없음

건물 쓰임새 : 복합건물

완공(사용일) : 2018년

차오프라야강 변에 세워진 이 건물은 쇼핑센터가 화려하고 웅장해 사람들이 즐겨 찾는다고 해요.

　태국(타이)의 주요 강이며 방콕을 거쳐 타이만으로 흘러드는 차오프라야강(Chao Phraya River) 유역에 세워진 복합건물입니다. 두 동의 건물로 이루어졌으며 아시아에서 큰 규모로 손꼽히는 쇼핑센터와 호텔 그리고 주거용으로 쓰입니다. 건물 외관은 유리를 주로 사용했고, 유리창은 여러 방향으로 각도를 달리했다고 합니다. 이는 빛을 반사하고 차오프라야강의 아름다움을 보여 주려는 데 목적이 있습니다.

　방콕은 태국의 수도이자 가장 인구가 많은 도시입니다. 방콕에는 전체 인구의 15.3퍼센트(2020년 기준)가 살고 있습니다. 1960년대부터 1980년대까지 눈부신 성장을 이루었으며, 이는 오늘날 정치, 경제, 교육, 통신과 정보 그리고 사회 발전에 커다란 토대가 되었습니다. 1980년대와 1990년대 아시아에 투자하는 유행이 크게 일어난 뒤로 많은 세계 기업의 지역 본부가 방콕에 있습니다. 방콕이라는 이름의 유래에 대해서 여러 이야기가 있으며, 그 가운데 물이 많은 것에 빗대어 '시냇물 위의 마을'을 뜻하는 타이어에서 비롯되었다고 합니다.

BTS 스카이트레인이 보이는 방콕 풍경: BTS(방콕 대중교통 체계Bangkok Mass Transit System의 줄임말) 스카이트레인(Skytrain)은 지상 철도를 뜻해요. 방콕 실롬(Silom) 지역에 마치 허물어진 건물처럼 보이는 방콕 킹 파워 마하나콘(Bangkok King Power Mahanakorn, 가운데)은 2016년에 세워졌으며 314미터, 78층 높이로 태국에서 두 번째로 높지요. 호텔과 여러 상점, 주거용 시설이 자리한 복합건물이에요.

왓 아룬(Wat Arun): 태국을 상징하는 유명한 사원이에요. '새벽 사원'이라는 뜻으로, 해가 떠오를 때 햇빛이 가운데 우뚝 솟은 도자기로 덮인 사원의 뾰족한 탑을 비추면 무지갯빛으로 빛나지요. 사원은 모두 17세기에 세워졌지만 독특한 첨탑들은 19세기 초에 세워졌어요. 높이는 66.8~86미터예요.

홍콩

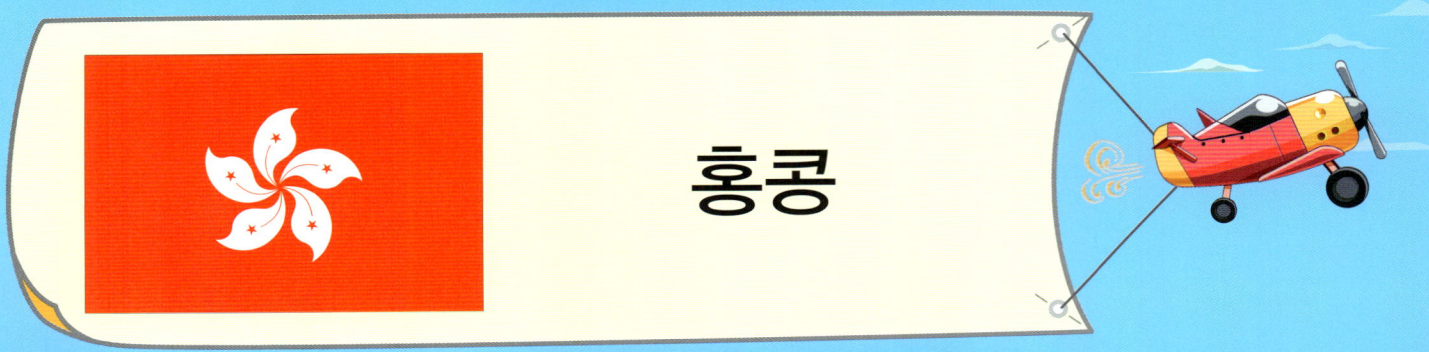

국제상업센터

International Commerce Centre, ICC

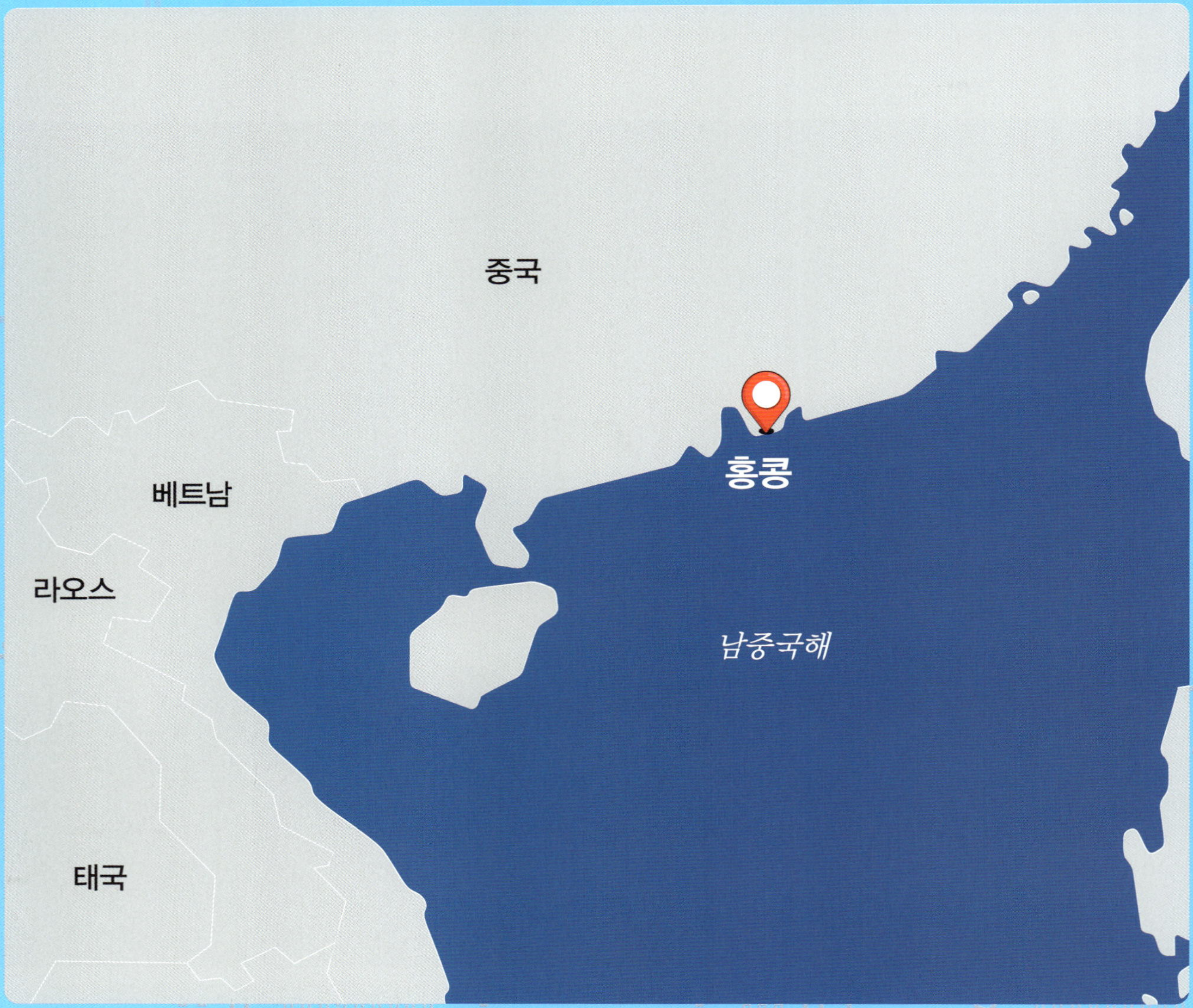

국제상업센터

있는 곳 : 홍콩(Hong Kong)
자격 조건 : 484m / 118층(실제 108층)
세계 높이 순위 : 12위
건물 쓰임새 : 복합건물
완공(사용일) : 2010년

주강 유역에 자리 잡은 홍콩은 고층 건물들이 즐비한 도시로 유명해요.

　국제상업센터(ICC)는 홍콩에서 가장 높은 건물이자 중국에서는 여섯 번째 그리고 세계에서 열두 번째로 높은 건물입니다. 건물은 실제 108층인데, 숫자 4자를 싫어하는 중국인의 정서에 따라 4가 들어가는 층인 4, 14…… 104층을 건너뛰어서 층수를 표기해 118층으로 알려졌습니다. 118층에 세계에서 가장 높은 수영장이 있습니다. 스카이 100(Sky 100)은 100층에 자리 잡은 전망대로 2011년 4월에 문을 열었습니다. 홍콩에는 9,000개가 넘는 건물이 있으며 그중 4,000개 이상이 100미터가 넘는 건물이며, 150미터가 넘는 건물은 553개입니다.

　홍콩은 세계에서 인구 밀도가 매우 높은 곳 중 하나입니다. 홍콩은 1841년 1차 아편전쟁이 끝난 뒤 영국의 식민지가 되었고, 1997년 중화인민공화국(중국) 특별행정구에 속하게 됩니다. 마카오와 함께 중국의 특별행정구로 '일국양제(一國兩制, 한 나라에 사회주의와 자본주의처럼 서로 다른 두 체제가 함께 있다는 뜻)' 원칙에 따라 중국 본토와 다른 정치, 경제 체제로 운영됩니다. 홍콩은 비록 특별행정구이지만 그전까지 몇몇 국제기구에서 독립적으로 활동한 특수한 성격에 따라 마천루 올림픽에 참가하게 되었습니다. 홍콩은 세계에서 열 번째로 큰 수출국이자 아홉 번째로 큰 수입국입니다.

　홍콩이란 이름은 '향기로운 항구'를 뜻합니다. 이름 유래에 대해서는 여러 가지 있는데, 그 가운데 하나로 향을 실어 나르는 항구에서 비롯되었다고 합니다.

높은 건물들이 빽빽한 홍콩의 풍경: 앞쪽에서 가장 높은 건물은 국제금융센터(International Finance Centre, IFC)로 높이 415미터이며 홍콩에서 두 번째, 세계에서 서른네 번째로 높아요. 강 건너편 우뚝 솟은 건물은 국제상업센터(ICC)예요.

홍콩의 오래된 아파트: 홍콩의 높은 인구 밀도를 보여 주어요. 홍콩은 15층이 넘는 아파트가 많고, 높이 100~150미터가 넘는 건물이 다른 도시보다 많아요.

오세아니아 참가국

뉴질랜드_ 커미셜 베이 타워
호주_ Q1 타워

뉴질랜드

커머셜 베이 타워
Commercial Bay Tower

태즈먼해

뉴질랜드

커머셜 베이 타워

있는 곳 : 오클랜드(Auckland)
자격 조건 : 180m / 41층
세계 높이 순위 : 없음
건물 쓰임새 : 복합건물
완공(사용일) : 2020년

왼쪽은 PWC 타워, 그 옆으로 길쭉하게 솟은 구조물은 스카이 타워예요.

　이 건물에는 주로 사무실이 자리 잡고 있으며, '상업 지구 빌딩'이라는 뜻으로 'PWC 타워'라고도 합니다. 2016년 중반에 시내 쇼핑센터를 철거하고 세워져 2020년에 문을 열었습니다. 이 건물은 오클랜드의 풍부한 문화 유산과 더불어 '태평양의 수도'를 상징합니다. 또 오클랜드의 발전과 상업을 위한 지역, 도시로서의 자신감을 보여 주는 건물이기도 합니다.

　오클랜드는 뉴질랜드에서 가장 인구가 많습니다. 오클랜드는 뉴질랜드의 원주민인 마오리족의 언어로 '타마키 마카우라우(Tāmaki Makaurau)'라고도 합니다. 이 이름은 '많은 사람들이 원하는 타마키'를 뜻하며, 천연자원이 풍부하고 지리상으로 유리한 곳이라는 특징을 보여 주기도 합니다.

　1840년 뉴질랜드에 영국 식민지가 세워진 후 당시 뉴질랜드 총독 윌리엄 홉슨(William Hobson)은 오클랜드를 새로운 수도로 선택했습니다. 그는 이 지역의 이름을 영국 최초의 해군 대장인 오클랜드 백작 조지 이든(George Eden)의 칭호를 따서 지었습니다. 1865년 뉴질랜드의 수도가 웰링턴으로 바뀌었지만 오늘날에도 뉴질랜드의 경제 중심지입니다. 오클랜드는 세계에서 가장 물가가 비싼 도시이지만 세계에서 살기 좋은 도시 가운데 하나로 인정받고 있습니다.

스카이 타워(Sky Tower)와 도시의 밤 풍경: 높이 328미터로, 통신탑과 전망대로 사용하는 이 탑은 뉴질랜드에서 제일 높으며, 남반구에서 가장 높은 구조물이에요. 오클랜드의 상징물로, 190미터에는 매시간 360도로 회전하는 뉴질랜드에서 하나밖에 없는 회전 식당이 있지요.

오클랜드 전쟁 기념관(Auckland War Memorial Museum): 뉴질랜드에서 가장 중요한 박물관이자 전쟁 기념관이에요. 이 박물관에는 뉴질랜드 역사(특히 오클랜드 지역의 역사), 자연사 그리고 군사와 관련된 유물이 전시되어 있지요. 이 건물은 1920년대 신고전주의 양식으로 지었고, 오클랜드에서 가장 오래된 공원인 오클랜드 도메인(Auckland Domain)의 휴화산 유적지에 자리 잡고 있어요.

호주

Q1 타워
Queensland Number One Tower

호주

Q1 타워

있는 곳 : 골드코스트(Gold Coast)
자격 조건 : 322.5m / 78층
세계 높이 순위 : 없음
건물 용도 : 복합건물
완공(사용일) : 2005년

가운데 우뚝 솟은 건물이 Q1 타워예요. 오른쪽 높이 솟은 건물은 소울 빌딩(Soul building)으로 243미터, 77층 높이로 2012년에 세워진 주거용 복합건물이지요. 이 건물은 골드코스트에서 두 번째로 높고, 호주에서 열아홉 번째로 높아요.

    Q1은 '퀸즐랜드의 첫 번째(Queensland Number One)'의 줄임말입니다. Q1 타워는 2021년 현재 세계에서 열한 번째로 높은 주거용 건물이자 호주에서 가장 높은 건물입니다. 2000년 시드니 올림픽 성화와 유명한 시드니 오페라하우스를 본떠 지었다고 합니다. 큐데크(Q Deck)로 알려진 77층과 78층의 스카이 포인트(Sky Point)는 호주에서 하나밖에 없는 해변 전망대로 400명이 즐길 수 있다고 합니다. 동서남북을 두루 볼 수 있으며 특히 남쪽에서는 태평양을 볼 수 있습니다.

    이 건물이 자리 잡고 있는 골드코스트(Gold Coast)는 퀸즐랜드주에서 두 번째로 크고, 호주에서 여섯 번째로 큰 도시입니다. 골드코스트는 원래 퀸즐랜드 중심 도시인 브리즈번의 남쪽에 있어 사우스코스트(South Coast)로 알려졌습니다. 1940년대 후반 이곳에 부동산을 사려는 사람들이 몰려들었고, 이에 따라 물가가 너무 올라 황금 해안이라는 뜻으로 '골드코스트'라는 별명이 붙었습니다. 이 별명이 1958년에 정식 이름으로 되었습니다.

해안을 따라 늘어선 건물들: 오른쪽의 높은 건물은 소울 빌딩, 왼쪽 가운데 우뚝 선 두 동의 건물은 서클 온 카빌(Circle on Cavill)이에요. 주로 주거용 복합건물로 남쪽 건물은 2007년 3월경, 북쪽 건물은 2007년 7월에 완공되었지요. 두 건물은 4층에서 연결되어요. 남쪽 건물은 158미터, 북쪽 건물은 220미터 70층이에요.

호주 멜버른의 사우스뱅크 건물들: 가운데에 노란색 장식물이 붙어 있는 건물이 호주 108(Australia 108, 2020년 완공)로 주거용 복합건물이에요. 호주에서 두 번째로 높은 건물로 316.7미터에 100층이지요. 그 오른쪽 크라운 타워(Crown Towers)는 1997년에 세워진 호텔로 높이 152.5미터, 43층이에요. 가장 왼쪽 유레카 타워(Eureka Tower)는 높이 297.3미터, 91층으로 2006년에 완성되었어요. 호주에서 세 번째로 높은 건물이지요.

북아메리카 참가국

미국_ 세계무역센터
캐나다_ 퍼스트 캐나디안 플레이스

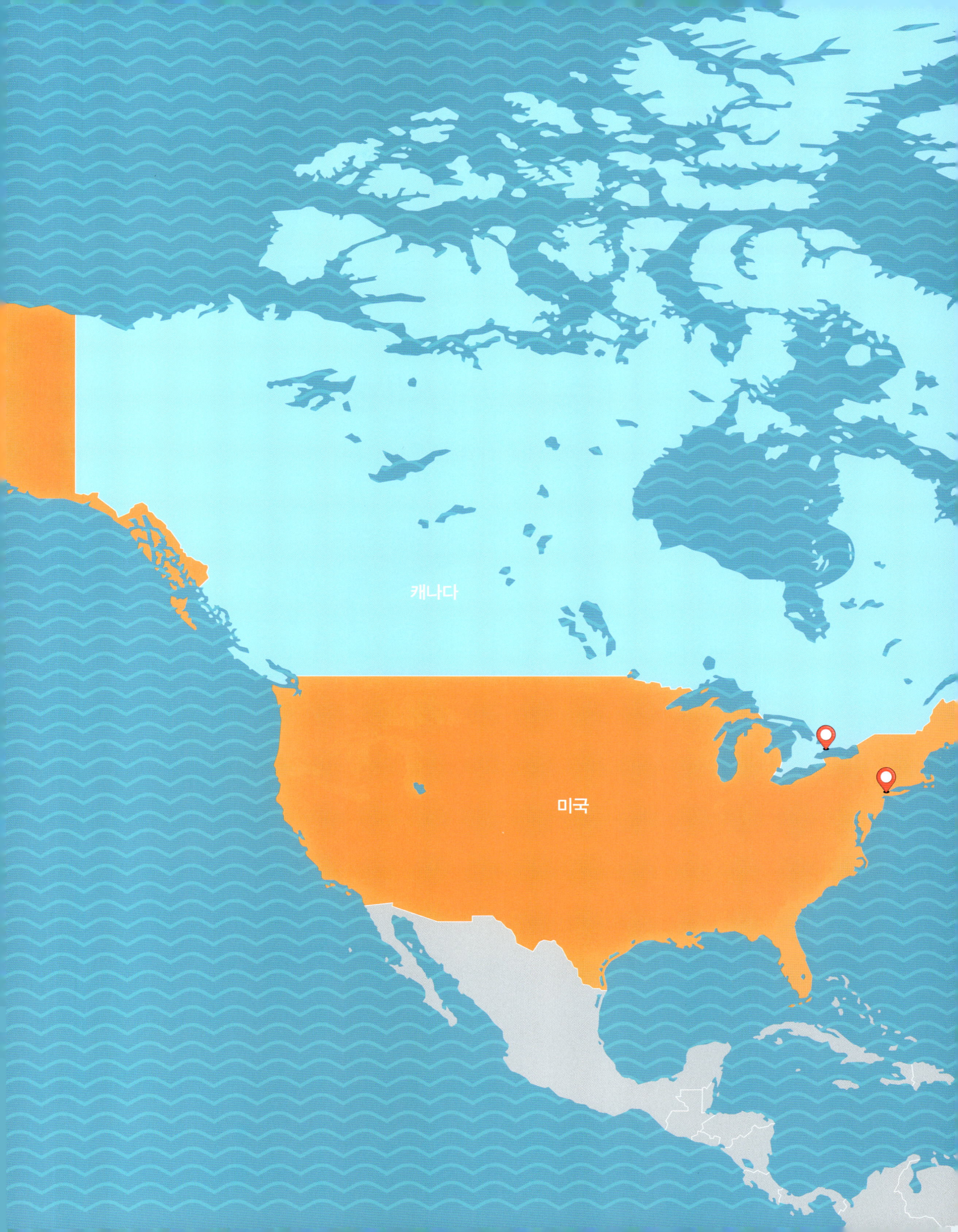

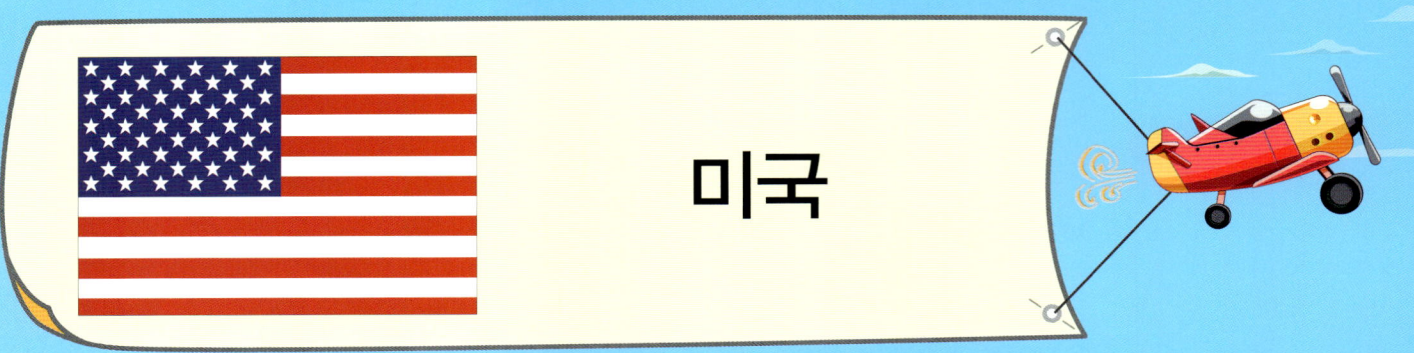

미국

세계무역센터
One World Trade Center

캐나다
미국
대서양
멕시코만
태평양
멕시코

세계무역센터

있는 곳 : 뉴욕(New York City)
자격 조건 : 541.3m / 94층
세계 높이 순위 : 6위
건물 쓰임새 : 복합건물
완공(사용일) : 2014년

자유의 여신상과 허드슨강(Hudson River)이 있는 뉴욕의 풍경이에요. 자유의 여신상(Statue of Liberty)은 1886년 프랑스 국민이 미국 국민에게 선물한 구리 조각상이지요. 여신상은 오른손에는 횃불을 들고 왼손에는 미국 독립선언 날짜인 JULY IV MDCCLXXVI(1776년 7월 4일)가 새겨진 판을 들고 있어요. 발치에 놓인 부서진 족쇄와 사슬은 노예제도 폐지를 의미해요. 이 동상은 자유와 미국의 상징이며 바다를 통해 도착한 이민자들을 환영하는 상징이기도 하지요. 구리 조각상은 발에서 횃불까지의 높이가 46미터이고 땅에서 횃불까지는 93미터예요.

세계무역센터(줄여서 One WTC. 다른 이름은 자유 타워Freedom Tower)는 2001년 9월 11일 테러 공격으로 파괴된 원래의 세계무역센터를 기리기 위해 다시 세운 건물입니다. 세계무역센터는 파괴되기 전에는 쌍둥이 건물이었습니다. 지금의 이름은 파괴되기 전 북쪽 건물의 이름에서 따왔습니다.

이 건물은 원래 자리에서 북서쪽 모퉁이에 자리 잡고 있습니다. 높이 1,776피트(541미터)는 미국이 독립을 선포한 해를 뜻합니다. 건물은 2014년 11월 3일에 문을 열었고 전망대는 2015년 5월 29일에 문을 열었습니다. 모두 여섯 동으로 이루어진 세계무역센터 바로 남쪽에는 국립 9·11 기념관과 박물관이 있습니다.

뉴욕주(New York State)와 구별하기 위해 뉴욕시라고도 불리는 뉴욕은 미국에서 가장 인구가 많고 인구 밀도가 높은 도시입니다. 뉴욕주의 남쪽 끝에 자리 잡은 이 도시는 뉴욕주의 중심이며, 도시 면적 기준으로 세계에서 가장 큰 대도시입니다. 세계의 문화, 금융과 통신, 정보의 수도이며, 이 도시를 중심으로 사람들이 사진을 가장 많이 찍는 곳이기도 합니다. 유엔본부가 있는 뉴욕은 국제 외교의 중요한 중심지로 때로는 세계의 수도라고도 불립니다.

▲ 테러 공격을 받기 전의 세계무역센터(쌍둥이 빌딩): 왼쪽 안테나가 있는 건물이 북쪽 타워(One World Trade Center)예요. 그 앞쪽에 돔 모양의 지붕이 있는 건물은 225 리버티 스트리트(225 Liberty Street, 225 자유거리)이지요. 이전 이름은 투 월드 파이낸셜 센터(Two World Financial Center)로 높이 197미터, 44층 건물이에요. 세계무역센터 오른쪽으로 225 리버티 스트리트와 비슷하게 생긴 지붕이 각진 건물은 200 리버티 스트리트(200 Liberty Street)로, 이전에는 원 월드 파이낸셜 센터(One World Financial Center)로 알려졌지요. 176미터, 40층 건물이에요. 두 건물 모두 2014년 복합단지 브룩필드 플레이스(Brookfield Place)를 정비하면서 이름이 바뀌었지요.

▲ 세계무역센터 앞쪽으로 국립 9·11 기념관과 박물관이 자리 잡고 있어요.

센트럴파크가 있는 도시 풍경: 1876년에 완공된 센트럴파크(Central Park)는 뉴욕 중심부인 맨해튼에 있는 공원이에요. 미국에서 가장 많은 사람이 찾는 공원이지요. 공원에는 인공 호수와 연못, 곳곳에 있는 산책로, 빙상 경기장 두 곳, 동물원, 정원, 야생동물 보호구역, 넓은 자연림이 있어요. 이 공원을 짓기 전 "지금 이곳에 공원을 만들지 않는다면, 100년 후에는 이 면적의 정신병원이 필요할 것이다"라고 하여 공원이 도시 생활과 사회적으로 얼마나 가치 있는지를 강조했다고 해요. 이후 도시 설계가들은 센트럴파크를 현대 도시공원의 시초로 여긴답니다.

캐나다

퍼스트 캐나디안 플레이스
First Canadian Place

캐나다

미국

퍼스트 캐나디안 플레이스

있는 곳 : **토론토**(Toronto)
자격 조건 : **298m / 72층**
세계 높이 순위 : **없음**
건물 쓰임새 : **사무실**
완공(사용일) : **1975년**

가운데를 중심으로 왼쪽에 높이 솟은 흰색 건물이 퍼스트 캐나디안 플레이스이고, 바로 왼쪽 고동색 건물 스코샤 플라자(Scotia Plaza)는 275미터, 68층이며 현재 캐나다에서 세 번째로 높아요. 바로 앞에 겹쳐서 잘 눈에 띄지 않지만 첨탑이 있는 건물은 세인트 레지스 토론토(The St. Regis Toronto)로 높이 276.9미터, 57층이며 두 번째로 높지요. 오른쪽에 우뚝 솟은 구조물은 시엔 타워(CN Tower)예요.

    이 건물은 원래 퍼스트 뱅크 빌딩(First Bank Building)으로 온타리오주 중심 도시인 토론토의 금융 지구에 있는 고층 건물입니다. 킹 앤드 베이 거리(King and Bay Street) 북서쪽 모퉁이에 자리 잡고 있는 이 건물은 캐나다 최초의 은행인 몬트리올 은행(Bank of Montreal) 세계 운영본부입니다. 298미터 72층으로, 완공 당시 미국 시카고에 있는 높이 346미터 33층의 에이온 센터(Aon Center)와 외관이 거의 같았습니다. 이 두 건물의 차이점은 퍼스트 캐나디안 플레이스 창문이 수평 방향이라면 에이온 센터의 창문은 수직 방향입니다.

    현재 캐나다에 초고층 건물 세 동이 건설되고 있는데 이 건물들이 완성되면 퍼스트 캐나디안 플레이스는 캐나다에서 네 번째로 높은 건물이 됩니다. 2024년 완공 예정인 높이 312.5미터, 95층의 스카이 타워(Sky Tower)가 캐나다에서 가장 높은 건물로, 2022년 완공 예정인 높이 308.6미터, 85층의 디 원(The One)이 두 번째, 현재 공사를 보류하고 있는 높이 299미터 85층의 YSL 레지던스(YSL Residences)가 그 뒤를 이을 것입니다.

    토론토는 1793년 영국인들이 도시를 건설한 캐나다의 최대 도시로 경제와 무역의 중심지입니다. 도시 이름은 인디언 말로 '집합소'라는 뜻입니다.

▶ 미국 시카고의 에이온 센터: 1974년에 완성된 건물로 캐나디안 플레이스와는 달리 창문 방향이 수직이에요. 높이 346미터, 83층 건물로 이전에 보험 중개기업 에이온(Aon)과 석유회사 아모코(Amoco)의 본사가 있었는데, 지금은 에이온 본부만 있지요.

▼ 시엔 타워와 로저스 센터: 시엔(CN) 타워는 토론토 시내 중심에 있는 553.3미터 높이의 통신과 관측탑이에요. 1976년에 완공된 이 타워의 '시엔'이라는 이름은 이 탑을 건설한 철도회사인 캐나다 내셔널(Canadian National)을 의미해요.
시엔 타워 왼쪽의 로저스 센터(Rogers Center)는 지붕이 열리고 닫히는 구조로 지은 종합 경기장이에요. 처음 이름은 스카이돔(SkyDome)이었어요. 현재 류현진 선수가 몸담고 있는 미국 프로 야구팀의 토론토 블루제이스(Toronto Blue Jays)의 주 경기장이에요. 경기장이 내려다보이는 70개의 객실이 있는 호텔(총객실 348개)로도 유명해요.

남아메리카 참가국

우루과이_ 통신 타워
칠레_ 그란 토레 코스타네라
콜롬비아_ BD 바카타
쿠바_ 포크사 빌딩
파나마_ JW 메리어트 파나마

우루과이

통신 타워
Telecommunications Tower 또는 안텔 타워(Antel Tower)

통신 타워

있는 곳 : 몬테비데오(Montevideo)
자격 조건 : 157m / 35층
세계 높이 순위 : 없음
건물 쓰임새 : 사무실
완공(사용일) : 2002년

몬테비데오만에 있는 이 건물은 마치 돛 모양을 닮아 주변 풍경과 잘 어울려요.

　보통 안텔 타워(Antel Tower, 토레 안텔Torre Antel)라고 불립니다. 몬테비데오만(Bay of Montevideo) 옆에 우뚝 솟아 있는 이 건물은 높이 157미터, 35층이지만 우루과이에서 제일 높습니다. 우루과이 정부에서 관리하는 통신회사라는 뜻의 안텔(ANTEL: **A**dministración **N**acional de **Tel**ecomunicaciones를 줄임말) 본사입니다. 2002년에 완공되었고, 통신 박물관과 강당도 있어 많은 사람이 방문한다고 합니다.

　몬테비데오는 우루과이의 수도이자 최대 도시이며, 상업과 고등교육의 중심지이자 주요 항구입니다. 또한 금융 중심지로 약 2백만 명의 인구가 거주하는 대도시 지역의 문화 중심지이기도 합니다. 몬테비데오라는 이름에서 '몬테'는 몬테비데오만에서 보이는 해발 134미터의 언덕을 가리키지만 '비데오'의 뜻에 대해서는 의견이 여러 가지입니다. 그 가운데 바다에서 선원이 "나는 산(언덕)을 봤다(Monte vide eu)"라고 했다는 데서 유래했다는 의견이 가장 힘을 얻고 있습니다.

우루과이 입법궁(Legislative Palace of Uruguay): 우루과이의 입법부(국회)가 있는 곳이에요. 1908년에서 짓기 시작해 독립선언 100주년을 기념하여 1925년 8월 25일에 완성되었지요. 1975년 국립 역사기념물로 지정되었어요.

독립광장과 살보 팰리스: 살보 팰리스(Salvo Palace)는 1928년에 완성된 높이 95미터 29층 건물이에요. 원래 호텔 건물로 지으려 했으나 계획이 어긋나 사무실과 주거지가 있는 복합건물로 사용되었지요. 독립광장(Plaza Independencia)은 몬테비데오에서 가장 중요한 광장이에요. '우루과이 민족의 아버지'라고 불리는 우루과이 국민 영웅 호세 아르티가스(José Artigas) 동상이 있으며, 동상 아래 그의 무덤이 마련되어 있지요.

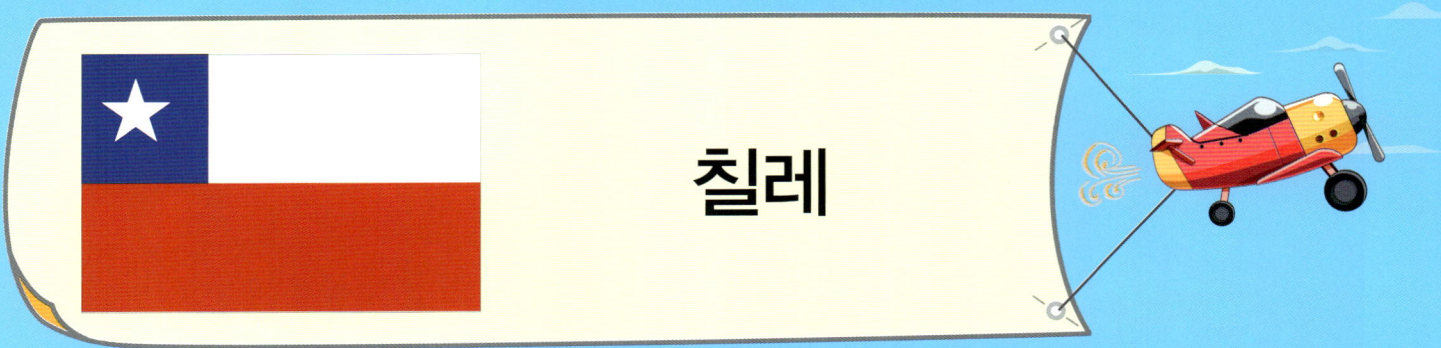

칠레

그란 토레 코스타네라
Gran Torre Costanera

그란 토레 코스타네라

있는 곳 : 산티아고(Santiago)
자격 조건 : 300m / 62층
세계 높이 순위 : 없음
건물 쓰임새 : 복합건물
완공(사용일) : 2013년

▲ 오른쪽은 그란 토레 산티아고, 왼쪽의 높은 건물 티타늄 라포르타다(Titanium La Portada)는 194미터, 55층에 사무실로 쓰이며 칠레에서 두 번째로 높아요. 산티아고에는 지진이 자주 일어나 이 건물은 65개의 콘크리트와 철 기둥을 깊이 50미터까지 박고 건물 기초를 단단하게 고정하여 리히터 규모 9.0의 지진에도 견딜 수 있다고 해요. 2010년에 완공되었어요.

토레스 오비스파도(Torres Obispado, 줄여서 T.OP)는 건물 두 ▲ 동으로 이루어진 복합건물이에요. 2020년 완공되었지요. 토레스 오비스파도 1은 305.3미터, 64층으로 호텔, 사무실이 자리하고 있으며, 토레스 오비스파도 2는 156미터, 44층으로 주거용이에요.

　　그란 토레 산티아고(Gran Torre Santiago, 그레이트 산티아고 타워Great Santiago Tower)로 더 잘 알려진 이 건물은 남아메리카 멕시코의 토레스 오비스파도(Torres Obispado) 다음으로 높습니다. 남아메리카에서 가장 큰 쇼핑센터, 호텔과 사무실이 자리하는 코스타네라 센터(Costanera Center) 단지의 일부입니다. 이 건물은 2006년 6월에 짓기 시작하여 2010년에 마무리할 예정이었지만 2008~2009년 국제 금융 위기로 몇 차례의 공사 중단을 거쳐 2013년에 완성되었습니다. 2015년 8월 11일 전망대 '스카이 코스타네라(Sky Costanera)'가 61층과 62층에 마련되어 산티아고를 360도 빙 둘러 전망할 수 있습니다.

　　산티아고는 칠레의 수도이며 가장 큰 도시이자 아메리카 대륙에서도 큰 도시로 손꼽힙니다. 도시는 평균 해발 500~650미터에 자리 잡고 있으며, 스페인 식민지 시대인 1541년부터 칠레의 수도였습니다.

　　도시에는 크고 작은 언덕들이 있고, '땅을 꿰뚫는 물'이라는 뜻인 110킬로미터 길이의 마포초강(Mapocho River)이 근원지인 안데스산맥에서 서쪽으로 흘러나와 산타아고에서 두 갈래로 갈라집니다. 이러한 자연 환경에 걸맞게 도시 주변으로 공원이 들어서 있습니다. 남아메리카 대륙의 서부, 남태평양 연안을 따라 남북으로 길게 뻗은 세계에서 가장 긴 안데스산맥을 도시 대부분에서 볼 수 있습니다. 칠레의 문화, 정치 그리고 금융 중심지이며 많은 다국적 기업의 지역 본부가 있습니다. 산티아고는 예수의 열두 제자로 알려진 성(Sancti) 야고보(Jacobo)를 뜻합니다.

칠레 국립 도서관(National Library of Chile): 칠레 독립 100주년을 기념하기 위해 1913년에 공사를 시작해 1925년에 완성되었어요. 이 건물은 프랑스 신고전주의 양식의 영향을 많이 받은 기둥과 아치가 인상적이지요. 이곳에 국립 기록보관소도 함께 있어요.

팔라시오 데 라모네다(Palacio de La Moneda): 모네다는 '화폐'를 뜻하며 이름 그대로 식민지 시대에 화폐를 만든 조폐국 건물이었어요. 1845년 6월부터 대통령 관저로 바뀌었고 1930년 궁전 앞에 '헌법 광장'이 마련되었지요. 대통령을 비롯해 행정부 세 장관의 집무실도 함께 있다고 해요.

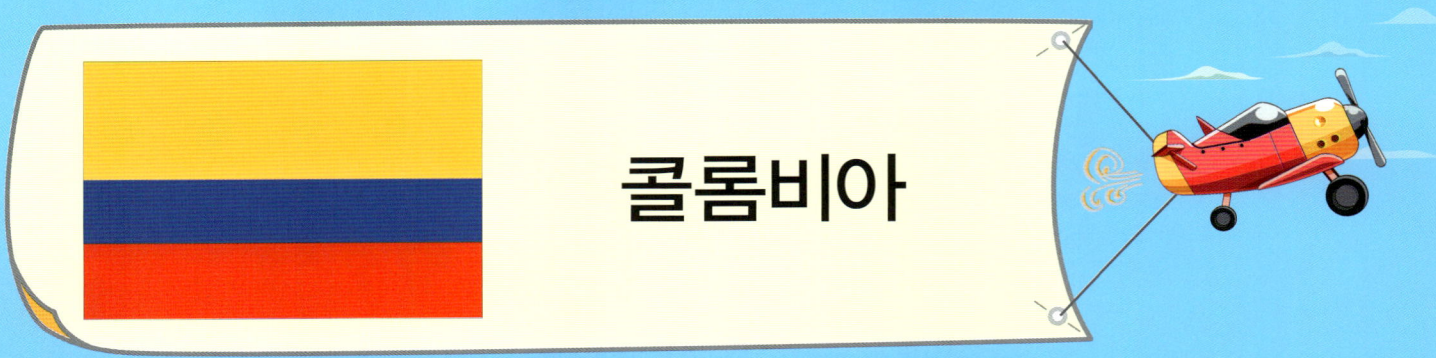

콜롬비아

BD 바카타
BD Bacatá

BD 바카타

있는 곳 : 보고타(Bogotá)
자격 조건 : 216m / 67층
건물 쓰임새 : 복합건물
완공(사용일) : 모름

예전의 오래된 호텔을 허물고 그 자리에 지은 이 두 건물은 옛 호텔의 이름을 그대로 따왔어요. 14층과 25층에 두 건물을 연결하는 통로가 있지요.

BD(보고타 다운타운Bogotá Downtown의 줄임말) 바카타는 현재까지 완공이 늦춰진 건축 단지입니다. 남아메리카에서는 여섯 번째로 높은 건물입니다. 남쪽 타워는 높이 216미터, 67층이고, 북쪽 타워는 167미터, 56층입니다. 남쪽 건물은 주로 호텔로, 북쪽 건물은 사무실과 아파트를 포함한 복합건물로 쓰일 예정입니다. 이 건물은 세계 최초의 크라우드 펀딩(Crowd funding) 마천루이며, 3,800명이 넘는 콜롬비아 사람들이 자금을 지원했다고 합니다. 콜롬비아에서 35년 만에 건설된 최초의 초고층 건물입니다.

콜롬비아의 수도 보고타는 평균 해발 2,640미터로, 해발 3,650미터의 볼리비아 수도 라파스(La Paz), 해발 2,850미터의 에콰도르 수도 키토(Quito)에 이어 남아메리카와 세계에서 세 번째로 높은 곳에 자리 잡고 있습니다.

이 도시에는 행정부(대통령실), 입법부(국회), 사법부(대법원, 헌법재판소, 국가평의회, 상급사법회의)의 중앙 사무소가 있습니다. 또한 콜롬비아의 금융과 상업 중심지로, 콜롬비아에서 가장 상업 활동이 활발한 곳입니다. 도시 이름은 원주민 언어로 '농지로 둘러싸인 곳'이라는 뜻의 '보카타'에서 비롯되었습니다.

▲ 볼리바르 광장(Bolívar Square): 베네수엘라, 콜롬비아, 볼리비아, 에콰도르, 페루, 파나마를 스페인 식민지에서 독립시킨 시몬 볼리바르(Simón Bolívar)의 이름을 딴 이 광장에 그의 동상이 있어요. 이 광장 동쪽으로 1539년에 지어진 보고타 메트로폴리탄 대성당(보고타 대성당 ①), 서쪽에는 리에바노 궁전(보고타 시청 ②), 북쪽으로는 사법부 건물(③)이, 남쪽으로는 국회의사당(④)이 있지요.

| 1 | 2 |
| 3 | 4 |

▶ 라칸델라리아(La Candelaria) 지역: 시내 중심가에 있는 역사 깊은 지역으로 여느 도시의 옛 시가지와 비슷해요. 오래된 집, 교회 따위의 건축물은 스페인 식민지 시대의 양식을 비롯해 여러 양식으로 지어졌지요. 이곳에는 대학, 도서관과 박물관이 있어요.

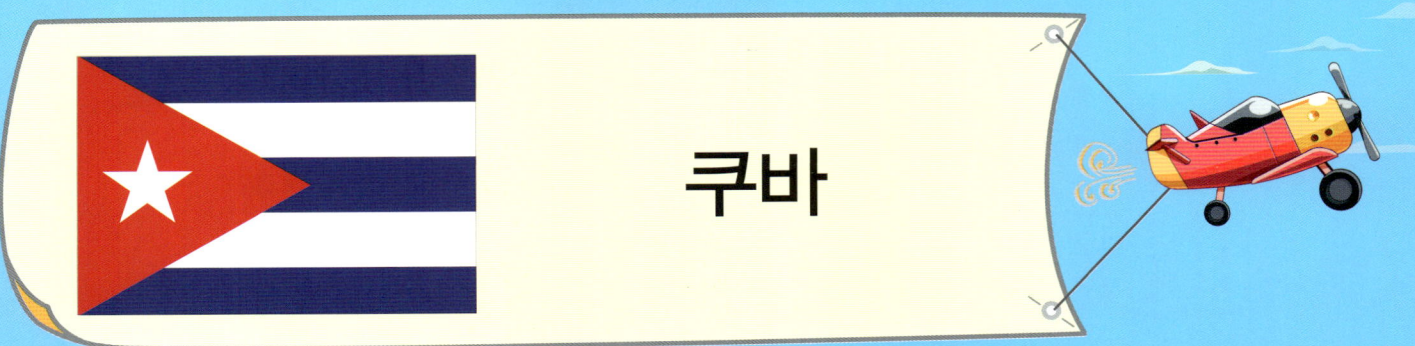

쿠바

포크사 빌딩
FOCSA Building

멕시코만

쿠바

카리브해

포크사 빌딩

있는 곳: 아바나(Havana)
자격 조건: 121m / 39층
세계 높이 순위: 없음
건물 쓰임새: 주거
완공(사용일): 1956년

아바나 베다도 지역의 오랜 상징물인 포크사 빌딩은 지금은 외국인들의 사무실 겸 주거지로 사용되고 있대요.

　이 건물은 쿠바의 수도 아바나 중심지의 상업 지구에 자리 잡은 Y자 모양의 주거용 건물입니다. 이름은 부동산 개발회사(Fomento de Obras y Construcciones, Sociedad Anónima, 공사와 건설 촉진, 공공 유한회사)의 이름에서 따왔습니다. 건물은 1954~1956년에 지어졌으며 쿠바의 시엠큐(CMQ) 라디오와 텔레비전 방송국에서 직원을 위한 관리 사무실, 주택을 제공할 계획이었습니다. 건설 당시 브라질 상파울루의 마르티넬리 빌딩(Martinelli Building)에 이어 세계에서 두 번째로 큰 주거용 콘크리트 건물이었습니다. 2000년대에 들어서 이 건물의 벽을 다시 칠하고 구조를 고쳤습니다.

　아바나는 쿠바의 수도이자 가장 큰 도시이며, 국가의 주요 항구이자 주요 상업 중심지이기도 합니다. 16세기 스페인 군인들이 들어와 이곳에 도시를 세워 아메리카 대륙을 정복하기 위한 기지로 활용했고, 1592년에 수도로 정했습니다.

　현재의 아바나는 아바나 옛 시가지, 베다도(Vedado) 그리고 신도시 지구로 나뉩니다. 옛 시가지는 2010년 유네스코 세계유산으로 지정되었듯이 역사, 문화, 건축과 기념물로도 유명합니다.

바다에서 바라본 아바나 도시 풍경: 왼쪽 건물은 호텔 아바나 리브레(Hotel Tryp Habana Libre)로 쿠바에서 가장 큰 호텔이며 아바나의 베다도 지역에 있어요. 1958년에 아바나 힐튼(Habana Hilton)으로 문을 열었고, 당시 대통령이었던 풀헨시오 바티스타(Fulgencio Batista)의 지원을 받았다고 해요. 바티스타는 아바나 힐튼을 쿠바에 대한 안전한 투자와 관광객들에게 편안한 장소라는 것을 보여 주고 싶었지요. 1959년 1월 8일 피델 카스트로(Fidel Castro)의 쿠바혁명 후 혁명군의 본부가 되었으며, 카스트로는 호텔의 스위트룸 2324호에서 3개월 동안 살았다고 해요. 1960년 6월 15일 카스트로는 호텔 이름을 'Hotel Habana Libre(자유 아바나 호텔)'로 변경한다고 발표했어요. 오른쪽은 포크사 빌딩이에요.

엘 카피톨리오(El Capitolio, 국회의사당): 아바나에서 가장 많은 사람이 찾는 곳이에요. 1926~1929년에 지어졌고 1959년 쿠바혁명으로 국회가 해산되기 전까지 국회의사당으로 사용되었어요. 미국의 국회의사당과 비슷하지만, 높이와 너비가 1미터씩 더 길고 훨씬 더 짜임새가 있지요. 2013년부터 복원 작업을 벌이고 있어요.

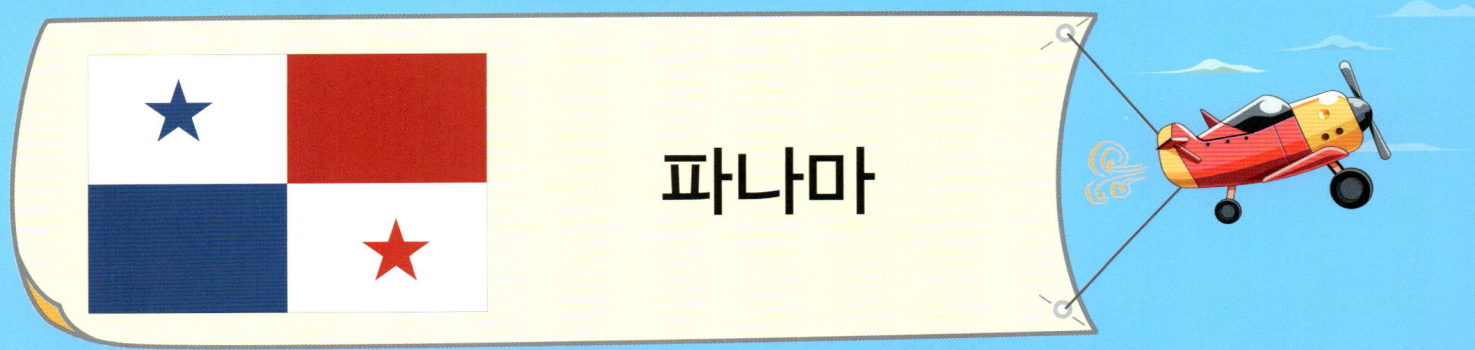

파나마

JW 메리어트 파나마
JW Marriott Panama

JW 메리어트 파나마

있는 곳 : 파나마시티(Panama City)
자격 조건 : 284m / 70층
세계 높이 순위 : 없음
건물 쓰임새 : 복합건물
완공(사용일) : 2011년

오른쪽 건물 뒤로 JW 메리어트 파나마가 보여요. 가운데 우뚝 솟은 건물은 더 포인트(The Point)입니다. 2011년에 완공된 높이 266미터, 67층인 주거용 건물로 높은 곳에서는 도시의 거의 모든 곳이 보여요. 파나마에서 다섯 번째로 높은 건물이지요.

    복합 용도로 사용하려고 개발한 이 건물은 파나마 그리고 중앙아메리카에서 가장 높은 건물입니다. 메리어트 인터내셔널(Marriott International)의 호텔 가맹점으로 우리나라에도 있습니다. 이 회사는 1984년에 설립되었으며 미국 워싱턴 D.C.에 처음 호텔을 열었습니다.

    파나마시티는 간단히 파나마라고도 하며, 파나마의 수도이자 가장 큰 도시입니다. 국가의 정치와 행정 중심지이자 금융과 상업의 중심지이기도 합니다. 1519년 8월 15일 스페인은 이곳에 도시를 세웠습니다. 하지만 1671년 1월 28일, 영국 정부의 허가를 받아 민간 무장 선박을 이끌었던 헨리 모건(Henry Morgan)이 도시를 약탈하고 불을 지르면서 파괴되었습니다.

    2년 후인 1673년 1월 21일, 폐허가 된 곳에서 약 8킬로미터 떨어진 현재의 위치에 도시를 세웠습니다. 예전의 도시는 파나마의 옛 시가지를 뜻하는 카스코 비에호(Casco Viejo, Panama)로 여전히 약탈의 상처가 남아 있지만, 인기 있는 관광 명소입니다.

▲ 파나마의 카스코 비에호: 스페인어로 파나마의 옛 시가지를 뜻하지요. 영국 무장 선박들의 공격 이후 폐허의 흔적이 곳곳에 남아 있어요. 1997년에 세계유산으로 지정되었어요.

▶ 마치 횃불처럼 생긴 건물은 에프엔에프 타워(F&F tower)로 건설 중에는 혁명 타워로 알려졌어요. 사무실 용도의 건물이며 높이 243m, 52층으로 파나마에서 여덟 번째로 높아요. 독특한 건물 생김새로는 단연 으뜸이지요.

| 부록 |

세계의 높은 빌딩 50위

순위 | 건물 이름
① 있는 곳 ② 국가 ③ 높이(m) ④ 층수 ⑤ 완공일 ⑥ 참고

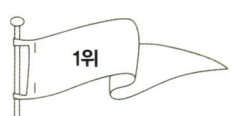
1위 부르즈 할리파(Burj Khalifa)

① 두바이 ② 아랍에미리트
③ 828m ④ 163층 ⑤ 2010년

6위 세계무역센터
(One World Trade Center)

① 뉴욕 ② 미국 ③ 541.3m
④ 94층 ⑤ 2014년

2위 상하이 타워(Shanghai Tower)

① 상하이 ② 중국
③ 632m ④ 128층 ⑤ 2015년
⑥ 뒤틀림 건물 중 세계 1위

7위 광저우 CTF 금융센터
(Guangzhou CTF Finance Centre)

① 광저우 ② 중국 ③ 530m
④ 111층 ⑤ 2016년

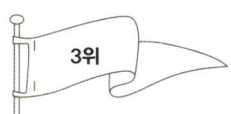
3위 아브라즈 알베이트(Abraj Al Bait)

① 메카 ② 사우디아라비아
③ 601m ④ 120층 ⑤ 2012년
⑥ 시계탑 건물로는 세계 1위

8위 텐진 CTF 금융센터
(Tianjin CTF Finance Center)

① 텐진 ② 중국 ③ 530m
④ 98층 ④ 2019년

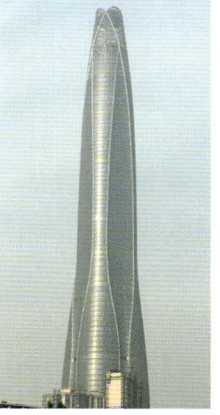

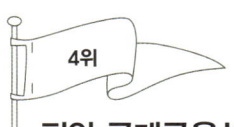
4위 핑안 국제금융센터
(Ping An International Finance Centre)

① 선전 ② 중국 ③ 599m
③ 115층 ④ 2017년
⑤ 상하이 타워와 함께 가장 높은 전망대로 기록됨

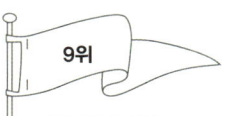
9위 차이나 준(China Zun)

① 베이징 ② 중국 ③ 528m
④ 108층 ⑤ 2018년

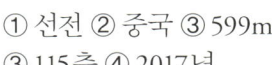
5위 롯데 월드 타워(Lotte World Tower)

① 서울 ② 대한민국 ③ 555.7m
④ 123층 ⑤ 2017년

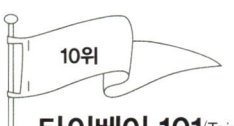
10위 타이베이 101(Taipei 101)

① 타이베이 ② 대만 ③ 508m
④ 101층 ⑤ 2004년
⑥ 2004년부터 2010년까지 세계에서 가장 높은 빌딩

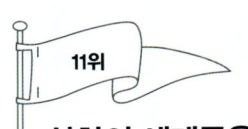
11위 상하이 세계금융센터
(Shanghai World Financial Center)

① 상하이 ② 중국 ③ 492m
④ 100층 ⑤ 2008년

12위 국제상업센터
(International Commerce Centre)

① 홍콩 ② 중국 ③ 484m
④ 118층 ⑤ 2010년

13위 우한 그린랜드 센터
(Wuhan Greenland Center)

① 우한 ② 중국 ③ 475.6m
④ 97층 ⑤ 2022년

14위 센트럴파크 타워
(Central Park Tower)

① 뉴욕 ② 미국 ③ 472m
④ 98층 ⑤ 2020년 ⑥ 세계에서 제일 높은 주거용 건물

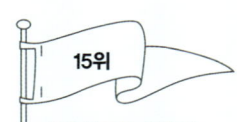
15위 라흐타 센터 (Lakhta Center)

① 상트페테르부르크 ② 러시아
③ 462m ④ 87층 ⑤ 2019년
⑥ 2018년 이후 유럽에서 가장 높은 빌딩

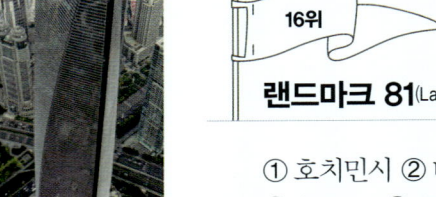
16위 랜드마크 81 (Landmark 81)

① 호치민시 ② 베트남
③ 461.2m ④ 81층 ⑤ 2018년

17위 창사 IFS 타워 T1
(Changsha IFS Tower T1)

① 창사 ② 중국 ③ 452.1m
④ 88층 ⑤ 2018년

18위(공동) 페트로나스 타워 1, 2
(Petronas towers)

① 쿠알라룸푸르 ② 말레이시아
③ 451.9m ④ 88층 ⑤ 1998년
⑥ 세계에서 가장 높은 쌍둥이 건물. 1998년 이후 미국 이외의 지역에서 처음으로 높은 건물이며, 2004년까지 세계에서 가장 높은 건물.

20위(공동) 지펑 타워 (Zifeng Tower)

① 난징 ② 중국 ③ 450m
④ 89층 ⑤ 2010년

20위(공동) 쑤저우 IFS (Suzhou IFS)

① 쑤저우 ② 중국 ③ 450m
④ 98층 ⑤ 2019년

22위
익스체인지 106
(The Exchange 106)

① 쿠알라룸푸르 ② 말레이시아
③ 445.1m ④ 95층 ⑤ 2019년

23위
윌리스 타워 (Willis Tower)

① 시카고 ② 미국 ③ 442.1m
④ 108층 ⑤ 1974년
⑥ 보통 시어스 타워(Sears Tower)
라고 하며 1974년부터 1998년
까지 세계에서 가장 높은 건물

24위
케이케이 100 (KK 100)

① 선전 ② 중국 ③ 442m
④ 100층 ⑤ 2011년

25위
광저우 국제금융센터
(Guangzhou International Finance Center)

① 광저우 ② 중국 ③ 440m
④ 103층 ⑤ 2010년

26위
우한 센터 (Wuhan Center)

① 우한 ② 중국 ③ 438m
④ 88층 ⑤ 2019년

27위
111 웨스트 57번가
(111 West 57th Street)

① 뉴욕 ② 미국
③ 435.3m ④ 84층 ⑤ 2020년

28위
원 밴더빌트 (One Vanderbilt)

① 뉴욕 ② 미국 ③ 427m
④ 58층 ⑤ 2020년

29위
동관 국제무역센터 1
(Dongguan International Trade Center 1)

① 동관 ② 중국
③ 426.9m ④ 88층 ⑤ 2020년

30위
432 파크애비뉴 (432 Park Avenue)

① 뉴욕 ② 미국
③ 425.5m ④ 88층 ⑤ 2015년

31위
마리나 101 (Marina 101)

① 두바이 ② 아랍에미리트
③ 425m ④ 101층 ⑤ 2015년

32위
트럼프 인터내셔널 호텔 앤드 타워
(Trump International Hotel and Tower)

① 시카고 ② 미국 ③ 423.2m
④ 98층 ⑤ 2009년

37위
해운대 LCT 더샵 랜드마크 타워
(Haeundae LCT The Sharp Landmark Tower)

① 부산 ② 대한민국
③ 411.6m ④ 101층 ⑤ 2019년

33위
진마오 타워(Jin Mao Tower)

① 상하이 ② 중국 ③ 421m
④ 88층 ⑤ 1999년

38위
난닝 차이나 리소스 타워
(Nanning China Resources Tower)

① 난닝 ② 중국 ③ 402.7m
④ 85층 ⑤ 2020년

34위
국제금융센터
(International Finance Centre, 약칭 IFC)

① 홍콩 ② 중국 ③ 415m
④ 88층 ⑤ 1998년

39위
구이양 국제금융센터 T1
(Guiyang International Financial Center T1)

① 구이양 ② 중국
③ 401m ④ 79층 ⑤ 2020년

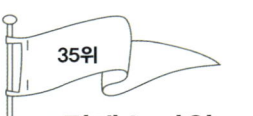

35위
프린세스 타워(Princess Tower)

① 두바이 ② 아랍에미리트
③ 414m ④ 101층 ⑤ 2012년

40위
중국자원본부
(China Resources Headquarters)

① 선전 ② 중국 ③ 392.5m
④ 67층 ⑤ 2017년

36위
알함라 타워(Al Hamra Tower)

① 쿠웨이트시티 ② 쿠웨이트
③ 414m ④ 83층 ⑤ 2011년

41위
23 마리나(23 Marina)

① 두바이 ② 아랍에미리트
③ 392.4m ④ 89층 ⑤ 2012년

42위
시틱 플라자 (CITIC Plaza)

① 광저우 ② 중국 ③ 390.2m
④ 80층 ⑤ 1996년

47위
이튼 플레이스 다롄 타워 1
(Eton Place Dalian Tower 1)

① 다롄 ② 중국 ③ 383m
④ 81층 ⑤ 2015년

43위
숨입 어퍼힐스 타워 1
(Shum Yip(深業) Upperhills Tower 1)

① 선전 ② 중국 ③ 388.1m
④ 80층 ⑤ 2020년

48위
로건 센추리 센터 1
(Logan Century Center 1)

① 난닝 ② 중국
③ 381.3m ④ 82층 ⑤ 2018년

44위
30 허드슨야드 (30 Hudson Yards)

① 뉴욕 ② 미국 ③ 386.6m
④ 73층 ⑤ 2019년

49위
부르즈 모하메드 빈 라시드
(Burj Mohammed bin Rashid)

① 아부다비 ② 아랍에미리트
③ 381.2m ④ 88층 ⑤ 2014년

45위
자본시장국본부
(Capital Market Authority Headquarters)

① 리야드 ② 사우디아라비아
③ 385m ④ 77층 ⑤ 2017년

50위
엠파이어 스테이트 빌딩
(Empire State Building)

① 뉴욕 ② 미국 ③ 381m ④ 102층 ⑤ 1931년 ⑥ 1931년부터 1972년까지 세계에서 가장 높은 건물, 세계 최초의 100층이 넘는 건물

46위
순힝 광장 (Shun Hing(信興) Square)

① 선전 ② 중국 ③ 384m
④ 69층 ⑤ 1996년

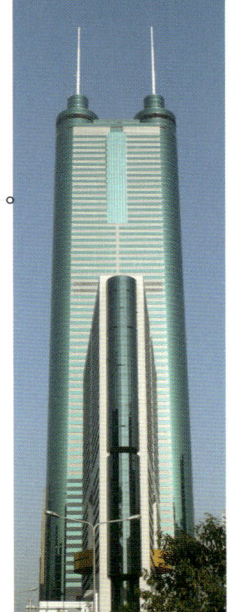

찾아보기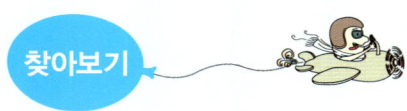

ㄱ

가오슝 항구(Kaohsiung Harbor) 161
갈라타 타워(Galata Tower) 123
게디미나스 탑(Gediminas' Tower) 41
골드코스트(Gold Coast) 182
관람정 129
국제금융센터(International Finance Centre) 173
그란 비아(Gran Vía) 61
그랑 플라스(Grand Place) 48, 49
기자 대피라미드 19

ㄴ

네리스강(Neris River) 40
네바강(Neva River) 33
노로돔 시아누크 동상(Norodom Sihanouk) 165
뉴욕(New York City) 188

ㄷ

대동강 133
더 포인트(The Point) 214
도쿄 스카이트리(Tokyo Skytree) 153
도쿄 타워(Tokyo Tower) 153
도하(Doha) 114
독립 기념탑(Independence Monument) 165
독립광장(Plaza Independencia) 199
동방 명주탑(Oriental Pearl Tower) 157
두바이 마리나(Dubai Marina) 99
두바이 분수 99
두바이 타워-도하(Dubai Towers-Doha) 114
두바이(Dubai) 98
두오모 광장(Piazza del Duomo) 73
디 원(The One) 192

ㄹ

라그랑데 아르슈(La Grande Arche) 85
라데팡스(La Défense) 84
라마트간(Ramat Gan) 111
라모네(La Monnaie) 48
라인강(River Rhine) 56
라칸델라리아(La Candelaria) 207

람세스 힐튼(Ramses Hilton) 호텔 18
런던(London) 64
레인 보텍스(Rain Vortex) 149
려명거리 살림집(Ryomyong Condominium) 133
로저스 센터(Rogers Center) 193
로터스 타워(Lotus Tower) 145
로테르담(Rotterdam) 24
리에바노 궁전 207
리퍼블릭 플라자(Republic Plaza) 148
링슈트라세(Ringstraße) 69

ㅁ

마나마(Manama) 90
마드리드 왕궁(Royal Palace of Madrid) 60
마드리드(Madrid) 60
마르티넬리 빌딩(Martinelli Building) 210
마리나 베이 샌즈 호텔(Marina Bay Sands) 149
마스지드 알하람(Masjid al Haram) 94
마요르 광장(Plaza Mayor) 60
마인강(River Main) 29
마포초강(Mapocho River) 202
만자나레스강(River Manzanares) 60
메카 시계 로열 타워(Makkah Clock Royal Tower) 94, 95
메카(Makkah) 94, 95
메콩강(Mekong river) 164
메트로폴리스 빌딩(Metropolis Building) 61
메트로폴리탄 대성당 207
모노이코스(Hercules Monoikos) 44
모셰 아비브 타워(Moshe Aviv Tower) 111
몬테비데오(Montevideo) 198
몬테비데오만(Bay of Montevideo) 198
미켈란젤로 타워(Michelangelo Towers) 15
민다우가스 다리(Mindaugas Bridge) 41
밀라노 대성당(Duomo di Milano) 73
밀라노(Milan 또는 Milano) 72
밀라드 타워(Milad Tower) 107
밀랴츠카강(River Miljacka) 52

ㅂ

바레인 세계무역센터(Bahrain World Trade Center) 91
바레인 파이낸셜 하버(Bahrain Financial Harbour) 91
바르샤바 왕궁(Zamek Królewski) 81
바르샤바(Warszawa) 80
바르소 타워(Varso Tower) 80, 81
바젤 대성당(Basel Minster) 57
바젤(Basel) 56
방콕 킹 파워 마하나콘(Bangkok King Power Mahanakorn) 169
방콕(Bangkok) 168
베다도(Vedado) 210
베이라 호수(Beira Lake) 144, 145
보고타(Bogotá) 206
보스포루스(Bosphorus) 해협 122
볼리바르 광장(Bolívar Square) 207
볼셰친스키 다리(Bolsheokhtinsky Bridge) 33
부르크 극장(Burgtheater) 69
부쿠레슈티(București) 36
브룩필드 플레이스(Brookfield Place) 189
브뤼셀(Brussel) 48
브르노(Brno) 76
브릭스턴 타워(Brixton Tower) 15
비예크니차(Vijecnica) 53
비텍스코 파이낸셜 타워(Bitexco Financial Tower) 141
비하라마하데비 공원(Viharamahadevi Park) 145
빈(Wien) 68
빈탄(Binh Thanh) 지구 140
빈홈 센트럴파크(Vinhomes Central Park) 140
빌뉴스(Vil'nyus) 40
빌니아강(Vilnia River) 40

ㅅ

사라예보(Sarajevo) 52
사이공강(Saigon River) 140
산티아고(Santiago) 202
살보 팰리스(Salvo Palace) 199
상트페테르부르크(Saint Petersburg) 32
상하이 세계금융센터(Shanghai World Financial Center) 156, 157
상하이(Shanghai) 156
샌튼 시티 쇼핑몰(Sandton City Shopping Mall) 15
샌튼(Sandton) 14
샤요 궁전(Palais de Chaillot) 85
서울 128
서클 온 카빌(Circle on Cavill) 183
성 베드로와 바울 대성당(Cathedral of St. Peter and Paul) 77
세인트 레지스 토론토(The St. Regis Toronto) 192
센(Seine)강 85
센느강(River Senne) 48
센테크 타워(Sentech Tower) 15
센트럴파크(Central Park) 189
센트로센트로(CentroCentro) 61
소울 빌딩(Soul building) 183
수직 숲(보스코 베르티칼레Bosco Verticale) 72
술탄 아흐메드 사원(Sultan Ahmed Mosque) 123

222

술탄 하산 사원(Mosque Sultan Hassan) 19
스카이 코스타네라(Sky Costanera) 202
스카이 타워(Sky Tower) 178
스카이 타워(Sky Tower, 캐나다) 192
스코샤 플라자(Scotia Plaza) 192
스필베르크 성(Spilberk Castle) 77
스필베르크 타워(Spielberk Towers) 76
시벨레스 광장(Plaza Cybele) 60, 61
시벨레스 궁전(Cybele palace) 60
시엔 타워(CN Tower) 192
싱가포르(Singapore, 수도) 148

아야 소피아 사원(Hagia Sophia Mosque) 123
아이코닉 타워(Iconic Tower) 14, 18
아지야드 요새(Ajyad Fortress) 95
아토미움(Atomium) 48
알론 타워(Alon Tower 1, 2) 110
알압달리(Al-Abdali) 102
알칼라 거리(Calle de Alcal) 61
암만(Amman) 102
압둘라 빈 자이드 알 마흐무드 이슬람 문화 센터(Abdulla Bin Zaid Al Mahmoud Islamic Cultural Center) 115
어퍼 성(Upper Castle) 41
에라스뮈스 다리(Erasmusbrug) 25
에미르타주 박물관(Hermitage Museum) 33
에스플러네이드 극장(Esplanade Theatres) 149
에이온 센터(Aon Center) 193
에투알 개선문(Arc de triomphe de l'Etoile) 85
에프엔에프 타워(F&F tower) 215
엔비케이 타워(NBK Tower) 118
엘 카피톨리오(El Capitolio) 211
엘부르즈(Alborz)산맥 106
엠리무어(Emley Moor) 송신소 65
엠팰리스(M-Palace) 76
오사카(Osaka) 152
오사카성(大阪城) 153
오클랜드 전쟁 기념관(Auckland War Memorial Museum) 179
오클랜드(Auckland) 178
왓 아룬(Wat Arun) 169
왓 프놈(Wat Phnom) 164
요하네스버그(Johannesburg) 14
우루과이 입법궁(Legislative Palace of Uruguay) 199
원 래플스 플레이스(One Raffles Place) 148
유레카 타워(Eureka Tower) 183
이스탄불(Istanbul) 122
이에나 다리(pont d'Iena) 85
이오시프 스탈린의 문화 과학 궁전(Pałac Kultury i Nauki imienia Józefa Stalina) 80

이집트의 방송연합(Egyption Radio and Television Union, ERTU) 18
익스체인지 스퀘어(Exchange Square) 164
일곱 자매들(Seven Sisters) 80

자유의 여신상(Statue of Liberty) 188
주얼 창이 공항(Jewel Changi Airport) 149
주체탑 133
지그문트 기둥(Kolumna Zygmunta) 81
진마오 타워(Jin Mao Tower) 156

차오프라야강(Chao Phraya River) 168
창덕궁 129
총통부(Presidential Office Building) 161
칠레 국립 도서관(National Library of Chile) 203

카나디아 은행(Canadia bank) 164
카루젤 개선문(Arc de Triomphe du Carrousel) 85
카바(Kaaba) 94
카이로 타워(Cairo Tower) 19
카이로(Cairo) 18
캐나다 내셔널 타워(Canadian National Tower) 193
코스타네라 센터(Costanera Center) 202
코테(Sri Jayawardenepura Kotte) 144
콜롬보(Colombo) 144
콜롬보시티 센터(Colombo City Center) 144
쿠르브부아(Courbevoie) 84
쿠알라룸푸르 기차역(Kuala Lumpur Railway Station) 137
쿠알라룸푸르(Kuala Lumpur) 136
쿠웨이트시티(Kuwait City) 118, 119
쿤스트뮤지엄 바젤(Kunstmuseum Basel) 57
크라운 타워(Crown Towers) 183
키리야 타워(Kirya Tower) 110
키토(Quito) 206
킹 앤드 베이 거리(King and Bay Street) 192
킹 파드 둑길(King Fahd Causeway) 90
킹 후세인 암센터(King Hussein Cancer Center) 103

타워 브리지(Tower Bridge) 65
타이베이 난산 플라자(Taipei Nan Shan Plaza) 160
타이베이(Taipei) 160
탄종 파가르(Tanjong Pagar) 148
테헤란(Teheran) 106
텔아비브(Tel Aviv) 110
토레 세프사(Torre Cepsa) 60
템스강(Thames River) 65
토레스 오비스파도(Torres Obispado) 202
토론토(Toronto) 192
토히드 터널(Tohid Tunnel) 107
통신 궁전(Palacio de Comunicaciones) 61
트립 아바나 리브레 호텔(Hotel Tryp Habana Libre) 211
티타늄 라포르타다(Titanium La Portada) 202

파나마시티(Panama City) 214
파나마의 카스코 비에호(Casco Viejo, Panama) 215
팔라시오 데 라모네다(Palacio de La Moneda) 203
펄 카타르(Pearl Qatar) 115
평양 132
포르타 누오바(Porta Nuova) 지구 73
포시즌스 플레이스 쿠알라룸푸르(Four Seasons Place Kuala Lumpur) 136
푸트라 사원(Putra Mosque) 137
푸트라자야(Putrajaya) 136
프놈펜(Phnom Penh) 164
프랑크푸르트(Frankfurt) 28
프린세스 타워 (Princess Tower) 99
플로레아스카(Floreasca) 36

하버 하이츠 타워(Harbour Heights Towers) 91
하버몰(Harbour Mall) 91
하우텡(Gauteng) 14
해양 박물관(Oceanographic Museum) 45
해운대 LCT 더샵(Haeundae LCT The Sharp) 129
허드슨강(Hudson River) 188
헤라클레스(Hercules) 신전 103
호주 108(Australia 108) 183
호치민시(Ho Chi Minh City) 140
황실극장(Imperial Court Theatre) 69
힐브로우 타워(Hillbrow Tower) 15

기타

10월 6일 다리(6th October Bridge) 18, 19
200 리버티 스트리트(200 Liberty Street) 189
225 리버티 스트리트(225 Liberty Street) 189
85 스카이 타워(85 Sky Tower) 161
BTS 스카이트레인(Bangkok Mass Transit System Skytrain) 169
UOB 플라자(UOB Plaza) 148
YSL 레지던스(YSL Residences) 192

사진 출처

5쪽 대피라미드 Nina/https://commons.wikimedia.org, 에펠탑 Benh LIEU SONG/ https://commons.wikimedia.org, 링컨 대성당 DrMoschi/ https://commons.wikimedia.org
29쪽 왼쪽 Wolfgang Meinhart, Hamburg/ https://commons.wikimedia.org
45쪽 위 Diego Delso/ https://en.wikipedia.or, 아래 Einaz80/ https://commons.wikimedia.org
56쪽 오른쪽 Silesia711/ https://commons.wikimedia.org
77쪽 위 Emptywall/ https://commons.wikimedia.org
80쪽 오른쪽 I.S.Kopytov/ https://commons.wikimedia.org
81쪽 아래 Voyager747/ https://commons.wikimedia.org
85쪽 아래 오른쪽 Guilhem Vellut/ https://commons.wikimedia.org
94쪽 khadim-un-nabi Rao/ https://commons.wikimedia.org
103쪽 위 Mervat Salman/ https://commons.wikimedia.org
111쪽 위 Michael Yutsis/ https://commons.wikimedia.org
115쪽 아래 Planet Labs, Inc/ https://commons.wikimedia.org
122쪽 Maurice Flesier/ https://commons.wikimedia.org
129쪽 아래 생각하는 나무/ https://commons.wikimedia.org
133쪽 위 RyomyongStreet/ https://commons.wikimedia.org
141쪽 오른쪽 Bitexco/ https://commons.wikimedia.org
147쪽 Jussun/ https://commons.wikimedia.org
179쪽 위 왼쪽 QFSE Media/ https://commons.wikimedia.org
183쪽 아래 오른쪽 HappyWaldo/ https://commons.wikimedia.org
191쪽 Arild Vågen/ https://commons.wikimedia.org
193쪽 위 MusikAnimal/ https://commons.wikimedia.org
202쪽 오른쪽 Alexander HK/ https://commons.wikimedia.org
203쪽 위 3BRBS/ https://commons.wikimedia.org
205쪽 Felipe Restrepo Acosta/ https://commons.wikimedia.org
207쪽 1 Bernard Gagnon/ https://commons.wikimedia.org
　　　2 Lizeth.riano/ https://commons.wikimedia.org
　　　4 Bernard Gagnon/ https://commons.wikimedia.org
211쪽 아래 Nigel Pacquette/ https://commons.wikimedia.org
213쪽 Mariordo (Mario Roberto Durán Ortiz)/ https://commons.wikimedia.org
215쪽 위 Garcia.dennis/ https://commons.wikimedia.org

세계의 높은 빌딩 50위

1위 Donaldytong/ https://en.wikipedia.org
2위 Yhz1221/ https://commons.wikimedia.org
3위 King Eliot/ https://en.wikipedia.org
5위 Ox1997cow/ https://en.wikipedia.org
6위 Joe Mabel/ https://commons.wikimedia.org
7위 PQ77wd/ https://commons.wikimedia.org
8위 BD2412/ https://commons.wikimedia.org
9위 Milkomède/ https://commons.wikimedia.org
10위 Alton Thompson/ https://commons.wikimedia.org
11위 GG001213/ https://commons.wikimedia.org
12위 WiNG/ https://commons.wikimedia.org
14위 Percival Kestreltail/ https://commons.wikimedia.org
15위 Mark Freeth/ https://commons.wikimedia.org
16위 Huỳnh Vĩ Nhơn/ https://commons.wikimedia.org
17위 Yinsanhen/ https://commons.wikimedia.org
18위 Someformofhuman// https://commons.wikimedia.org
20위 (공동) Haha169/ https://commons.wikimedia.org
20위 (공동) Milkomède/ https://commons.wikimedia.org
23위 Chris6d/ https://commons.wikimedia.org
24위 JHH755/ https://commons.wikimedia.org
25위 慕尼黑啤酒/ https://commons.wikimedia.org
26위 Wuchernchau/ https://commons.wikimedia.org
27위 Short final/ https://commons.wikimedia.org
28위 Percival Kestreltail/ https://en.wikipedia.org
29위 David290/ https://commons.wikimedia.org
30위 Epistola8/ https://en.wikipedia.org
31위 Norlando Pobre/ https://en.wikipedia.org
32위 Alvesgaspar/ https://commons.wikimedia.org
33위 Jakob Montrasio/ https://commons.wikimedia.org
35위 Norlando Pobre/ https://commons.wikimedia.org
36위 Rob Faulkner/ https://en.wikipedia.org
39위 Ryedamien/ https://commons.wikimedia.org
40위 Milkomèdehttps://commons.wikimedia.org
41위 Eduard Marmet/ https://en.wikipedia.org
42위 zengsx/ https://commons.wikimedia.org
44위 Greaper37/ https://commons.wikimedia.org
46위 Brücke-Osteuropa/ https://commons.wikimedia.org
47위 Jesse/ https://commons.wikimedia.org
50위 https://inmobiliariacerdanyola.com